全室寒暖差ゼロ、高断熱・高気密

注文住宅で叶える

人生100年時代の理想の住まい

一級建築士

兼坂成一

KANESAKA SEIICHI

幻冬舎MC

全室寒暖差ゼロ、高断熱・高気密

注文住宅で叶える人生１００年時代の理想の住まい

はじめに

住宅は人生における最も大きな買い物であり、多くの人が検討に検討を重ねて購入に踏み切ります。注文住宅となればなおのこと、一生に一度の家づくりだからこそ自分の理想の住まいを実現したいと思い、多くの人が間取りや設備、デザインなどにこだわります。

しかし多くの時間と労力を費やし、こだわり抜いて建てたはずなのに、暮らし始めてから後悔しているという人があとを絶ちません。

後悔しない家づくりで最も重視すべきことは、「快適であること」と「健康に良いこと」です。そんなことは誰でも大切にしていると言われるかもしれませんが、いくら間取りやデザインが理想どおりであったとしても、真冬に裸足で過ごせなかったり、1階と2階で室温が違ったりする家は、実は快適とはいえません。多くの人が、冷暖房をつけたままにしなければ室内は屋外と同じく夏は暑くて冬は寒いのが当たり前だと思っています。今住んでいる家が快適ではないということに気づいていないのです。

私は東京都立川市にある建築士事務所兼建設会社を経営しています。顧客の家づくりにとことん関わるスタイルで設計と施工に徹底的にこだわり、まだ国内では「断熱」「気密」「計画換気」が重要だと知られていなかった40年前から高気密高断熱住宅を専門に建築し、地熱利用の蓄熱式床暖房を導入するなど、快適で健康に良い家づくりを追求し続けてきました。

私が考える快適で健康に良い家とは、建物内全てで同じ温度や湿度となる家です。このような高断熱・高気密な家は外気の影響を受けにくいため、室内の温度を一定に保つことができ、夏はクーラー1台の運転だけで室内全体が涼しく、冬は短時間の床暖房の運転のみで暖かい快適な住まいを叶えることが可能です。

本書では、いつまでも快適で健康に過ごせる全室寒暖差ゼロ、高断熱・高気密の家について、その利点と仕組みを分かりやすくまとめています。家づくりを成功させるには、まず「家は快適に暮らすための場所である」という当たり前の原則に立ち返り、快適さと健康の大切さについてしっかり考えなければなりません。本書がその手掛かりとなり、末永く笑顔で過ごせる家づくりが実現できることを心から願っています。

目次

第1章

人生100年時代の家づくりに必要なこと

生涯健康に暮らせるかどうかは家で決まる

第2章

家が引き起こす健康障害

ヒートショック、アレルギー、シックハウス症候群……

第3章

本当に健康で快適な家とは何か？
自分にとっての理想の住まいを思い描く

第4章
健康と快適さを兼ね備える全室寒暖差ゼロ、高断熱・高気密な家とは

第5章

モデルハウスは理想の家を建てるための体感型テーマパーク

見学時にチェックすべき7つのポイント

第6章
家づくりはゴールではなく新たな暮らしのスタート
理想の家を維持し、いつまでも健康で快適に住まう

第1章

生涯健康に暮らせるかどうかは家で決まる
人生100年時代の家づくりに必要なこと

コロナ禍で住環境に対する意識が高まった

２０１９年12月、中国の武漢市で初の新型コロナウイルス感染症（COVID-19）の感染者が報告され、わずか数カ月でパンデミックが起こり、日本でもあっという間に感染が拡大しました。

新型コロナウイルス感染防止のために、外出制限などの行動規制が実施され、在宅勤務や大学、高校のリモート授業が始まり、人々のライフスタイルは大きく変わりました。内閣府発表の「第５回新型コロナウイルス感染症の影響下における生活意識・行動の変化に関する調査」（２０２２年７月）によると、全国のテレワーク（リモートワーク）実施率は30・６％で、東京23区では50・６％に上っています。

家が仕事や学びの場になったことで、人々が住まいに求める条件にも変化が起きています。

住宅の購入や建築を検討している人を対象にリクルートが調査した「コロナ拡大による住宅に求める条件の変化」（２０２０年９月）によると、「仕事専用スペースがほしくなった」「通信環境の良い家に住みたくなった」という仕事関連の条件に次いで、

図表1　地域別のテレワーク実施率※（就業者）

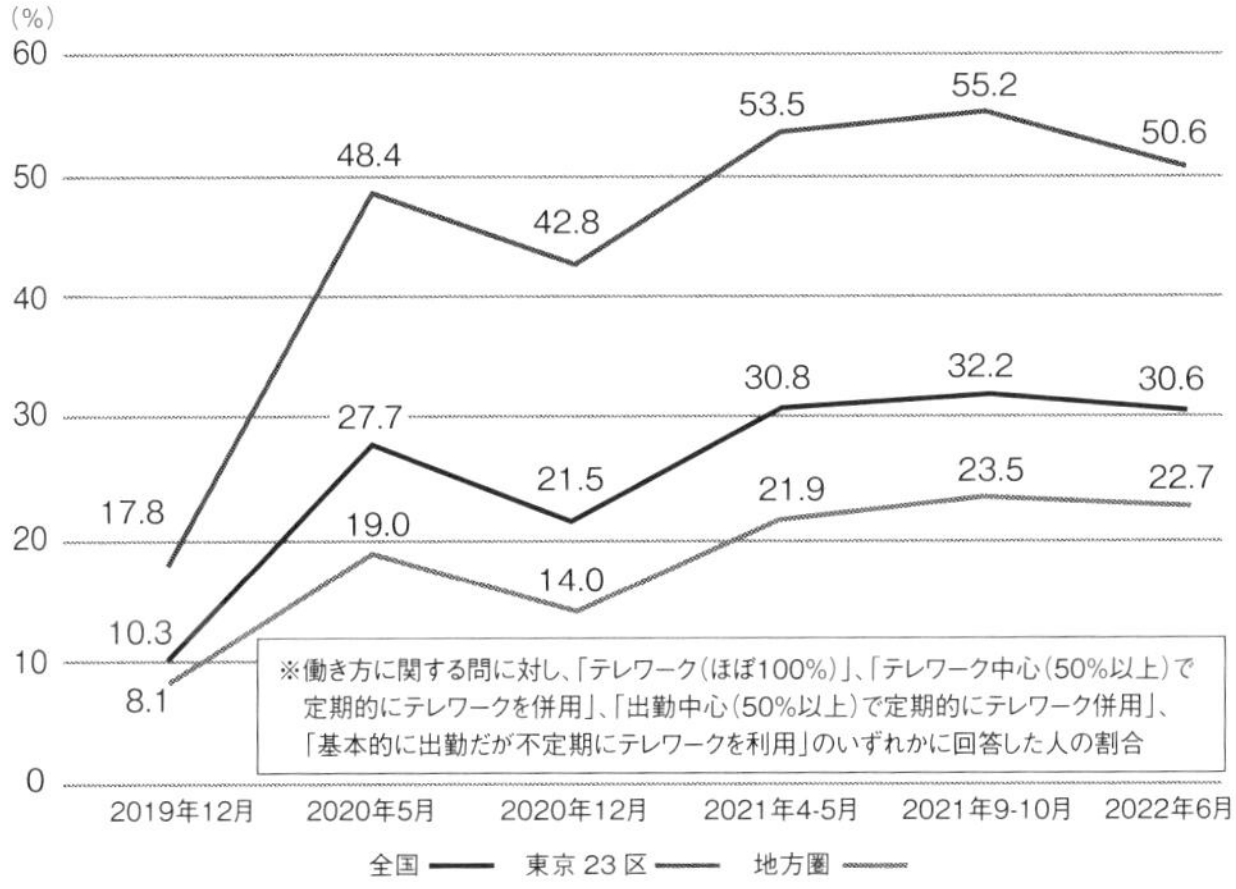

内閣府「第5回新型コロナウイルス感染症の影響下における生活意識・行動の変化に関する調査」を基に作成

「換気性能に優れた住宅に住みたくなった」「日当たりのよい住宅がほしくなった」「省エネ性（冷暖房効率に優れた）住宅に住みたくなった」と続きました。コロナ禍をきっかけに、「住環境」への意識が高まり、住宅に対するこだわりを持った人が増えたことがみて取れます。

　またテレワーク環境を整えるために50万円以下のプチリフォームを行った人や、ＤＩＹなどでテレワークのためのスペースをつくる人も少なくありません。さらにガーデニングや模様替え、換気設備を更新したりするなど住環境を快適で充実したものにしたいという

図表２　コロナ拡大による住宅に求める条件の変化（複数回答）

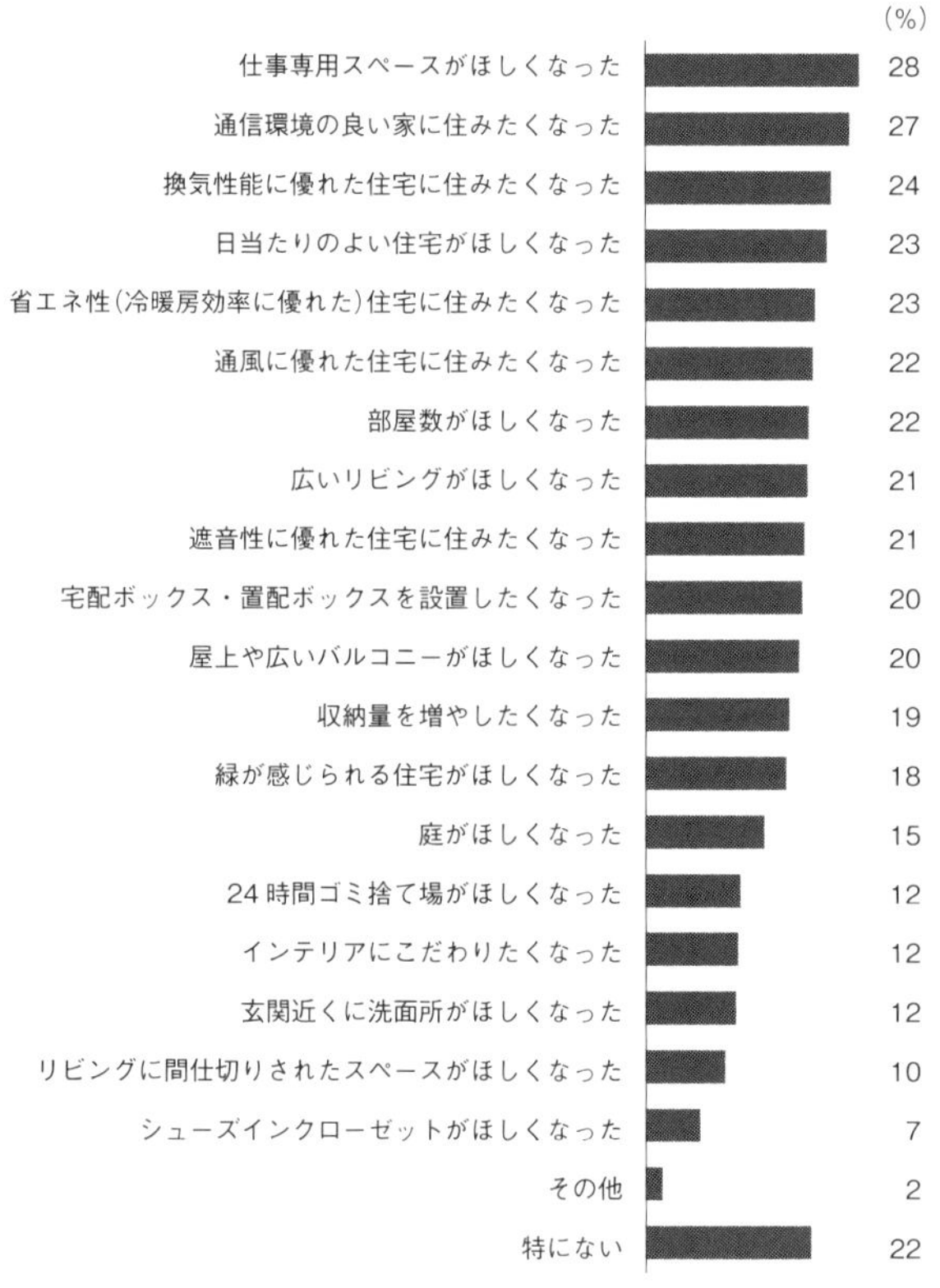

今回調査：WB後サンプル数(万)：261.5(実サンプル数：975)※全国
前回(今年5月)調査：WB後サンプル数(万)：64.1(実サンプル数：569)※首都圏

リクルート「第2回　コロナ禍を受けた『住宅購入・建築検討者』調査」を基に作成

需要も高まりました。

単なる居住空間ではなくなった「家」

家は、プライベート空間であり、落ち着いて安らげるはずの場所です。コロナ禍が始まる前まで、一般的に仕事を持つ人や学生にとって、家は仕事や学校から夜や夕方に帰って数時間だけを過ごす場所でした。しかし、テレワークの普及などにより在宅時間が増えれば、これまで以上に家に快適さを求めるようになります。ワーキングスペースや勉強部屋での空調や外の音を遮る防音効果なども求められます。

こうした要素は本来であれば、家に備わっていなければならない機能ですが、テレワークが普及することで改めて見直されるようになったのです。

私たちが住宅展示場に出展しているモデルハウスを見て回る人の中にも、コロナ禍で家にいる時間が長くなり、快適性を重視する人が増えたように思います。以前は通勤や通学に便利な場所、治安が良い、自然が豊かで子育てに向いているなど、住宅の立地条件が重視されましたが、「快適な家に住みたい」というニーズが満たされるかを考えて見学する人が増えているのです。

住んで心地よい家を建てるには、通常、家づくりの基本条件となる立地や価格、耐震性、耐久性、間取りやデザインに加えて、家族それぞれがリモートワークや趣味に没頭できる空間の確保や、一日中家にいても居心地がよい温度、湿度、通気性など長時間過ごす人の感覚に合わせた快適さを満たす条件を整えることが必要です。

そのためには、まず住む人が自分や家族のライフスタイルや価値観を理解したうえで、働き方、趣味や嗜好を考慮に入れ設計することが必要です。住む人それぞれの感覚を重視するこの新しい傾向は、コロナ禍を経験し、人々が自身の生活スペースに以前よりも関心を持つようになった結果です。生活の変化により、家は住む人にとって単なる居住空間以上の価値をもつようになったのです。

快適な家を建てたいというニーズ

家を建てるといっても、初めて家を建てる人と、今住んでいる家を建て直す人がいます。初めて家を建てる人の場合の多くは賃貸住宅で暮らしています。一生住む家ではないという認識で、利便性や賃貸料を重視して借りていることも多いものです。そのため、収納が少なく部屋が片付かない、子どもが生まれて手狭になった、隣近所の音がうるさいなど、借主が快適さを我慢しているケースは少なくありません。さらに賃貸住宅は賃料を払い続けても自分のものにはなりませんから、持ち家にして快適な生活を手に入れるのは非常に賢明な選択です。

一方、建て替えの人は、現在の家の居住性に不満があるだけでなく、子どもが大きくなって家を出たので夫婦二人で暮らせるような小さめの家にしたい、家が老朽化したので新しくしたい、といった理由で家を建て替えることを検討します。

いずれにせよ、家を建てようと考える人の多くは、展示場巡りをするところから始めます。しかし、ほとんどの人は「新しい家が欲しいな」と漠然とした感覚しかもっていない印象があります。「年齢的にそろそろローンを組まないと」とか「来年退職金が入ってくるから家を建て替えようか」といった感じです。

新型コロナウイルスの影響で在宅勤務が増えて「快適に暮らしたい」というニーズが芽生えてきたとはいえ、まだまだ家づくりにおいて「快適さ」についてはっきり自覚し理解できている人はほとんどいないようです。

私の会社のモデルハウスにもそのような「なんとなく家を建てようかなと考えている人」がやって来ます。ひととおり見て、「こういう暮らしがしたかった」と、驚きとともに無意識に考えていた「快適に暮らしたい」気持ちに気づく人がたくさんいるのです。

以前、私が家づくりに携わった建て主の話です。その人は、ほかの建築会社で建てた当時築7年ほどの比較的新しい家に住んでおり、知り合いの付き添いで私の会社のモデルハウスにやって来ました。当然家を建てたばかりなので、新しく建てる予定はありませんでした。

真冬でとても寒い日でした。ところが、私の出展していた家は一切の暖房を切っていました。にもかかわらず、玄関や廊下まで、建物内の全ての空間が暖かく、彼は驚いたそうです。そして、これが本当の意味での快適な家なのだということに気づいたとのちに言っていました。そのとき、それまで快適さについてあまり意識せず、特に不満もなく暮らしていたのに、快適な家を体感したことによって、急に今の家に住んでいることが不快で苦痛に感じられるようになってしまったそうです。

彼はほどなくその建物を解体し、当社で快適な家に建て替えました。一生暮らす家なのだから、快適な生活が少しでも長くなるほうが良いと気づいたのです。

私が出展している家を見学に来た方たちには、屋内を案内させてもらっています。

図表3　20代30代が描く住宅の選定/購入形態

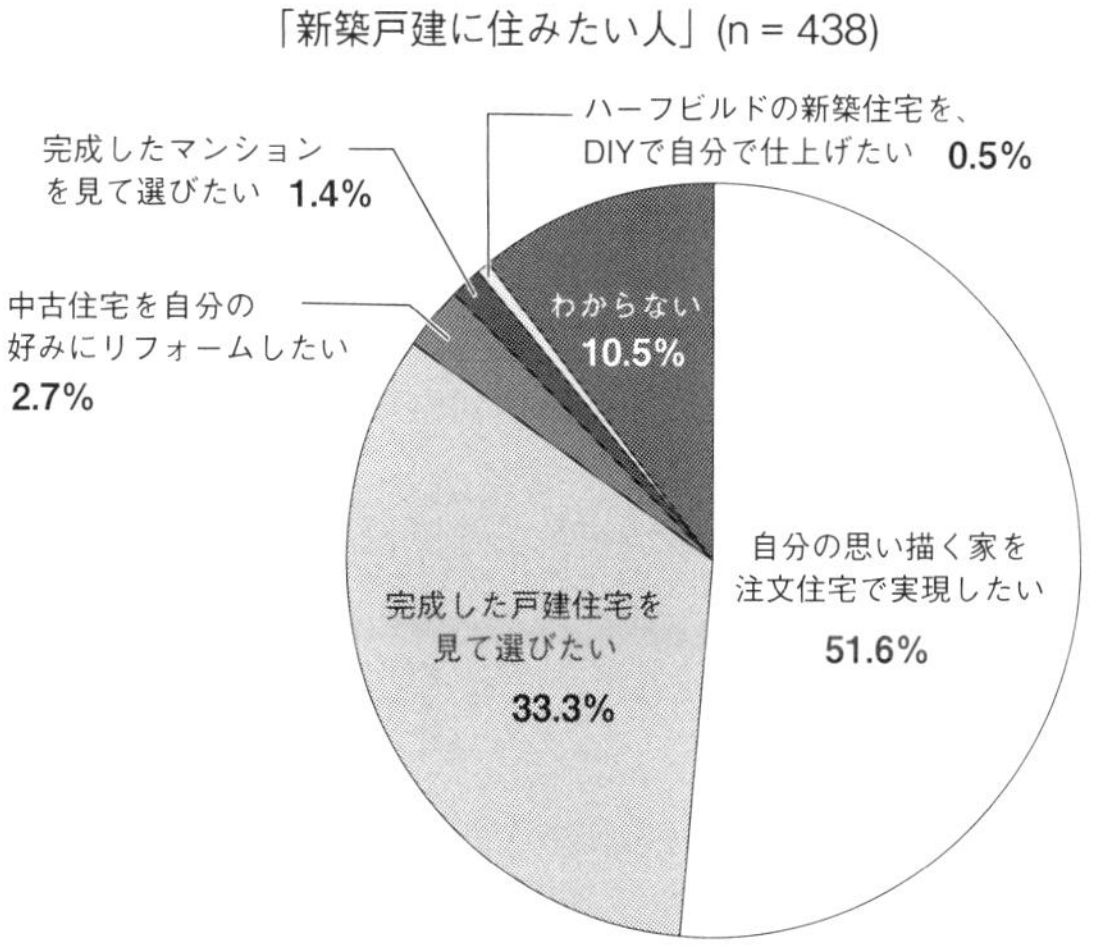

LIXILおよび日経BPコンサルティング
「20代30代の家所有意向／住みたい家（調査編）」を基に作成

部屋や台所、廊下などあちこちで設備や機能などを説明して質問も受けて会話を交わすのですが、10人に1人ぐらいの割合で、「家の中が静かなので会話が聞き取りやすい」と気づく方がいます。そこで窓を開けると、途端に外から自動車の音や工事の音などが流れ込んでくるのです。見学に来た方たちは「何か静かだな、と感じていたけれど、外はこんなに大きな騒音が響いていたのか」と驚きますが、本当に快適な家はそれが普通です。窓や玄関を閉め切っていれば、この家では多少の雨が降っていても気づかないほどです。

遮音性能を左右するのは窓だけではありません。実際、出展している家に使っている窓枠も窓ガラスも、一般に使われているものと同等の製品です。外部の音が屋内に聞こえてくるのは窓からだけではありません。わずかな隙間などから不快な騒音は屋内に入ってきてしまいます。

高い遮音性能は外からの不快な騒音をシャットアウトするだけではなく、家の中の音が外に聞こえないということでもあります。音を大きくして映画を観ることもできますし、赤ちゃんが元気に泣いても外に聞こえないか気にする必要もなく、気持ちに余裕がある生活を送ることができるのです。

住む家が変わると生活も気持ちも変わる、そのことを多くの人に知ってもらいたい、そんな思いがあったので、前著では書名に「人生が変わる」という言葉を入れました。「何のために家づくりをするのか」ということについて、家を建てようとしている本人が理解していないまま始めてしまうと、家が完成してから「こんなはずじゃなかった」と後悔することになります。私はそんなケースを何度も見てきました。「こんなデザインの家がいい」とか「値段が安いからいい」とか「良い断熱材を使っているからこの家にしよう」といった表面的なことだけで選んでしまうのは非常に危険です。新築の戸建てに住みたいという20代、30代を対象にした調査では、半数以上が「自分の思い描く家を注文住宅で実現したい」と考えています。設計から自分たちの希望を入れて、後悔しない家づくりをしたいと考えている人が多いということです。妥協せずに、本当に求めている家、暮らしを実現できる家を建ててほしいと思います。

家のもつ意味を知っているのは、そこで生活する人たちです。本当に求めているものを手に入れるためには、的確な選択をする必要があります。

自分にとって家とは何かを考える

家とは、そこに住む家族の人生が絡み合ってできた集合体ということもできます。親とともに暮らし、パートナーと過ごし、子どもたちは成長していずれ出ていくことになります。家族一人ひとりの人生が、たまたま一時的に重なり合って同じ家に暮らしているのです。

さりげない日常のなかで、家とは何かと考えて暮らしている人は少ないと思います。ほとんどの人は「自分たちにとっての家とは何か」「快適な暮らしとはどんなものか」という問いに対する回答を持っていません。本当は快適に暮らしたいと思ってはいるけれど、自分たちにとっての快適がどんなことか考えたことすらないのです。

この答えがはっきりしていなかったり、間違っていたりしたら、「快適ではない」家を建ててしまうことも起こります。そこで、私たちは建て主に対して「あなたにとって家とは何ですか」「快適な家とはどんなものですか」と真剣に尋ねます。

快適ではない家を建ててしまえば、最悪の場合建て直すことになりますが、それには莫大なコストが必要になります。

国土交通省が発表した日本と欧米の滅失（取り壊された）住宅の平均築後年数を比較すると、イギリスは平均73・2年、アメリカは平均55・9年、日本では平均38・2年で取り壊されています。つまり、日本では家のライフサイクルが欧米に比べ極端に短く、現状では日本では一生のうち1、2回は家を建てるものだというのが一般的な認識になっています。しかし世界的にみれば家を2回建てる可能性があることは「非常識」なことなのです。そのうえ快適でない家を建ててしまったがために、家を建てる回数がさらに増えてしまうことにもなりかねません。

日本の家の寿命が短い原因の一つに結露があります。冬の朝早く起きたときに、窓が結露してガラスの内側に水滴が付着しているのを見たことがある人も多いと思いま

図表4 滅失住宅の平均築後年数の国際比較

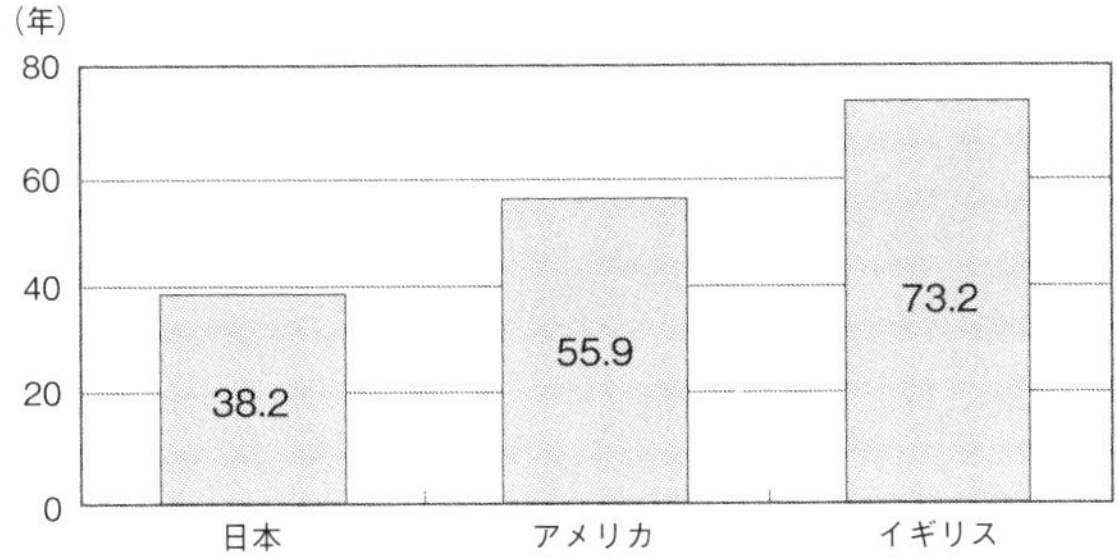

日本：総務省「平成25年、平成30年住宅・土地統計調査」(データ：2013年、2018年)
アメリカ：U.S.Census Bureau「American Housing Survey 2013、2019」(データ：2013年、2019年)
イギリス(イングランド)：Communities and Local Government
「Survey of English Housing 」(データ:Table DA1101 (SST1.1): Stock profile,2018、2020)より国土交通省推計

す。結露は冬の冷えた外気によって室内の空気が冷やされて、空気中の水分が液体になったものです。結露は窓だけでなく家の壁内でも発生します。そして結露により建物は徐々に劣化し、朽ちてしまいます。

多くの人は、冬に結露が発生するのは当然だと思い込んでいますが、冬でも室温が下がらず、きちんとした換気がされていれば結露は発生しません。結露が起きなければ建物の構造体が傷むこともないため、家の寿命は飛躍的に延びます。しかし、この事実をほとんどの人は知りません。結露ができること自体が、快適ではない家に住んでいるなによりの証拠なのです。

「日本は高温多湿の特殊な気候なのだから、結露の発生は仕方がないことだ」と言う人もいますが、これは明らかな間違いです。結露は、高温ではなく真冬の低温の中で発生しますし、多湿どころか関東地方も含め太平洋側のカラカラに乾燥した低湿の中でも発生しています。気候のせいではなく、建物の性能が悪いのが原因だと気づくべきです。実際に、昔の日本の家は暖かくはないけれども、隙間だらけのために換気だけは良かったので結露は発生しませんでした。築100年、200年の建物が多く存在していましたし、法隆寺は木造で1300年も腐らず現存しています。鉄筋コンクリートや鉄骨造の建物が100年程度の寿命なのに比べ、結露さえ発生させなければ木造のほうがはるかに耐用年数を長くすることが可能なのです。

このように、基本的に結露さえしなければ住宅は一生住み続けられます。一度建ててしまえば、建て替える必要がないのが本来の家です。結露によって構造体が腐食しない家を建てられれば、建て替えも住み替えも必要ありません。

そもそも、住んでいる人が家の居住性に不満や疑問を感じるようになってしまうから、その家に住み続けたくなくなり建て直すことになるのです。逆にいえば、家を建て直す必要がないということは、住むうえで不快さを感じていないということです。そんな家を建てるためにも、「自分たちにとっての快適さ」を明確にすることが必要です。

高齢になっても住める家とは

日本では、少子化と相まって高齢化が進んでいます。それに対する家づくりも考えていかなければなりません。

公共の場でも、民間の住宅でも、バリアフリーが徐々に浸透してきていますが、国土交通省は次のように定義づけています。

「高齢者・障害者等が社会生活していく上で障壁（バリア）となるものを除去（フリー）すること。物理的、社会的、制度的、心理的な障壁、情報面での障壁など全ての障壁を除去するという考え方」（国土交通省ホームページ）

バリアフリーの一般的なイメージは床に段差がなく、階段の代わりにスロープになっていて、入り口からスムーズに室内へ出入りできるといったものです。高齢で体

図表５　快適な暮らしのための配慮すべき主な項目

①温熱環境
②外出のしやすさ
③トイレ・浴室の利用のしやすさ
④日常生活空間の合理化
⑤主要動線上のバリアフリー
⑥設備の導入・更新
⑦光・音・匂い・湿度など
⑧余剰空間の活用

【暖かい居室】（①温熱環境）

居室の開口部の断熱化（内窓の設置）

【使いやすい水回り】
（③トイレ・浴室の利用のしやすさ）

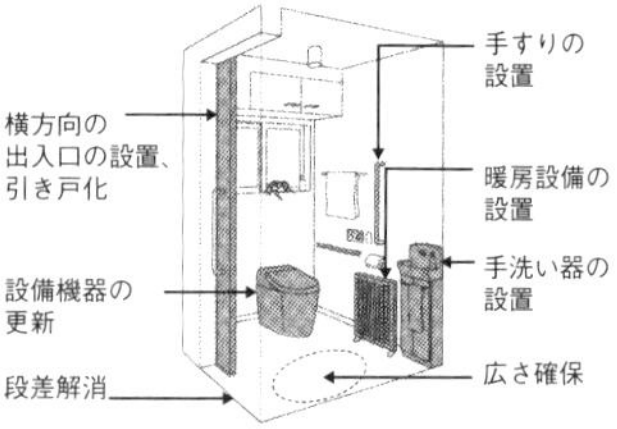

国土交通省「高齢期の健康で快適な暮らしのための住まいの改修ガイドライン」を基に作成

が思うように動かない人や足が不自由な人にとってはとても大事なことです。

しかし、真のバリアフリーは物理的な段差だけのことではありません。１００年にわたって住み続けることができるような家づくりを考えるなら、家のどこの部屋や空間に行っても同じ気温を維持できる「温度のバリアフリー」を実現しなければならないのです。

第2章

ヒートショック、アレルギー、
シックハウス症候群……
家が引き起こす健康障害

家が健康障害を引き起こす

家を建てるうえで健康に影響を与えるものとして、カビやダニなどに伴って発生するハウスダスト、アレルギー、シックハウス症候群、ヒートショックなどの問題が挙げられます。例えばぜんそくやアトピーは、ハウスダストを吸引することが大きな原因です。ハウスダストとは、家の中のちりやほこりの中でも、1㎜以下の目に見えにくいものを指します。そこには、ダニの死骸やフンのほか、カビ、細菌、花粉、繊維のクズ、人間の体から落ちた皮膚片やフケ、ペットの毛など、実にさまざまなものが含まれます。古い建物や構造的に隙間が多い家は、カビやダニ、ほこりが発生しやすく、人は不快と感じます。

精神面に悪影響を及ぼすものには、騒音があります。騒音については、家が大通りに面していないので大丈夫だと考える人がいますが、実際に音でストレスになるのは、隣の家に住んでいる人たちの気配です。家の中を動き回る音や会話、漏れ聞こえてくる音楽、くしゃみ、犬の鳴き声などの生活音は自覚せずともストレスになっているのです。見方を変えれば、自分たちの家の気配も、外に漏れてしまっているわけです。

図表6　各種疾患の改善率と転居した住宅の断熱性能との関係

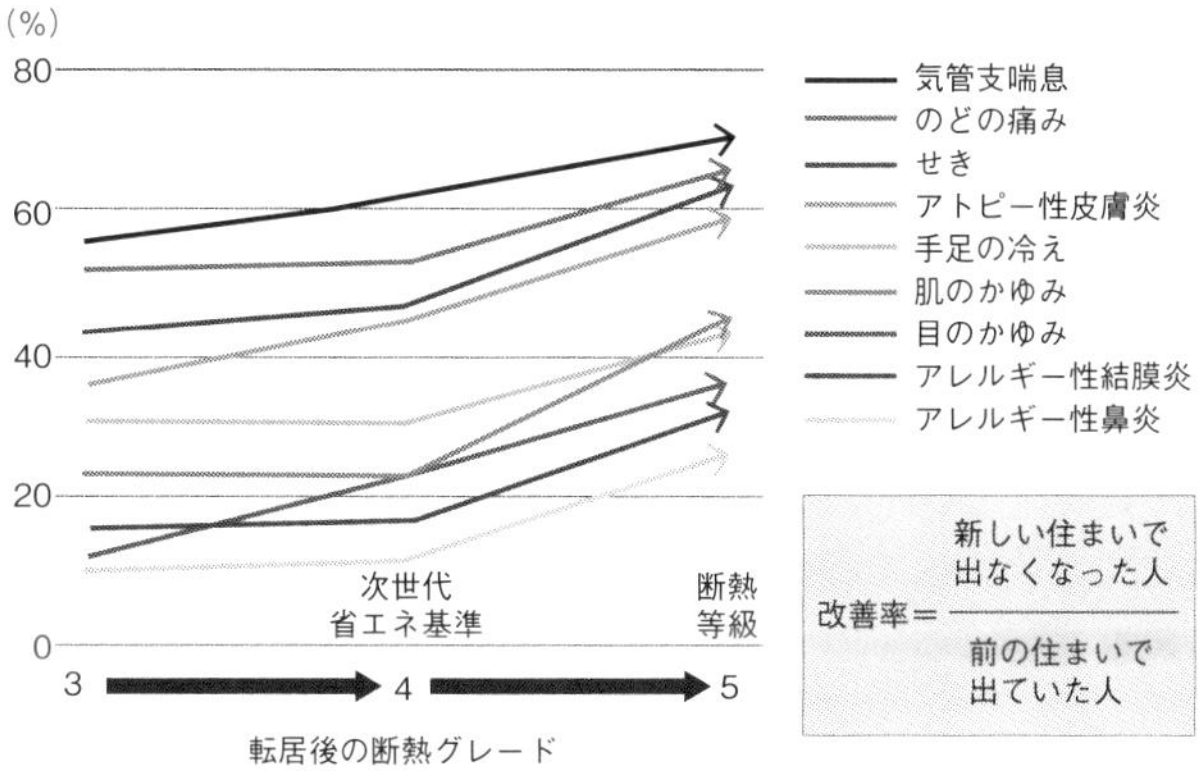

出典：「これからのリノベーション断熱・気密編」P27 近畿大学 岩前研究室
「断熱×耐震で価値ある リノベーションを」YKK AP 性能向上リノベの会

家が、しっかりとプライバシーを守ってくれることが大切です。同時に、外の暑さや寒さ、湿気に加え、強風や台風に対しても、建物の中にいれば安全という住む人を守る器としての役割も大事です。デザインやインテリア性が重視されますが、健康被害を含め、安全に関しては当たり前すぎて忘れてしまいがちです。

一般的に、家が原因となる健康被害には、次のものがあります。

呼吸困難‥

換気が不十分で湿度が高い家には、カビやダニが多く潜んでいます。カビやダニの死骸や排泄物はアレルゲンとなり、吸引するとアレルギー反応を引き起こし、時として呼吸困難に陥ることがあります。
アレルギー反応：ほこりやカビがアレルギーを悪化させることがあります。
頭痛：換気が不十分な住環境では、二酸化炭素やその他のガスが蓄積し、頭痛を引き起こします。
疲労感：不十分な換気は疲労を招くとともにストレスを発生させます。
ぜんそく：カビ、ダニ、ちりなどは、ぜんそくの症状を悪化させる可能性があります。
鼻詰まり：カビやダニ、ほこりによる影響でくしゃみや鼻水を発生させ、鼻詰まりを起こします。
のどの痛み：換気不良や湿度の低さによって乾燥して喉が痛むことがあります。
集中力低下：不快な環境は心地よさを損ね、集中力に影響を与える可能性が高まります。

カビ・ダニ・ハウスダスト・花粉も健康を害する原因

カビは、換気が不十分で湿度が60％以上の環境で特に発生しやすく、空気がよどみがちな押し入れや、結露によって湿気を含む壁紙のほか、カーペットや浴室などで繁殖します。カビは胞子をつくりますが、カビの胞子は非常に小さくて軽いため、家の至るところに拡散してしまうのです。

ダニは、ほこりが溜まりやすく湿気の多い場所を好みます。湿度が高い場所で最も活動しやすく、繁殖もしやすい性質があります。相対湿度65％以上が、ダニが活動するのに理想的な環境です。特に布団やカーペット、家具などの繊維の中に生息します。換気が不十分な場所はダニが大好きです。湿度が高くなりやすいため活発に活動し、繁殖しやすくなります。

ハウスダストは暮らしている人の健康に大きく影響を与えます。これらは相互に影響を与え、一つが発生するとほかも増加することがあるので、極力発生させないことが重要です。

総じて、高湿度はカビとダニとハウスダストが増加するのに理想的な条件を備えています。逆に、適切に換気され、結露を防ぎ湿度がコントロールされた環境はダニやカビが発生しにくく、ハウスダストによる健康被害を最小限に抑えるのに有効です。

また家の気密性を高くし、外部からの風やほこりが入りにくい環境をつくり出すこと

図表7　ハウスダストの中身

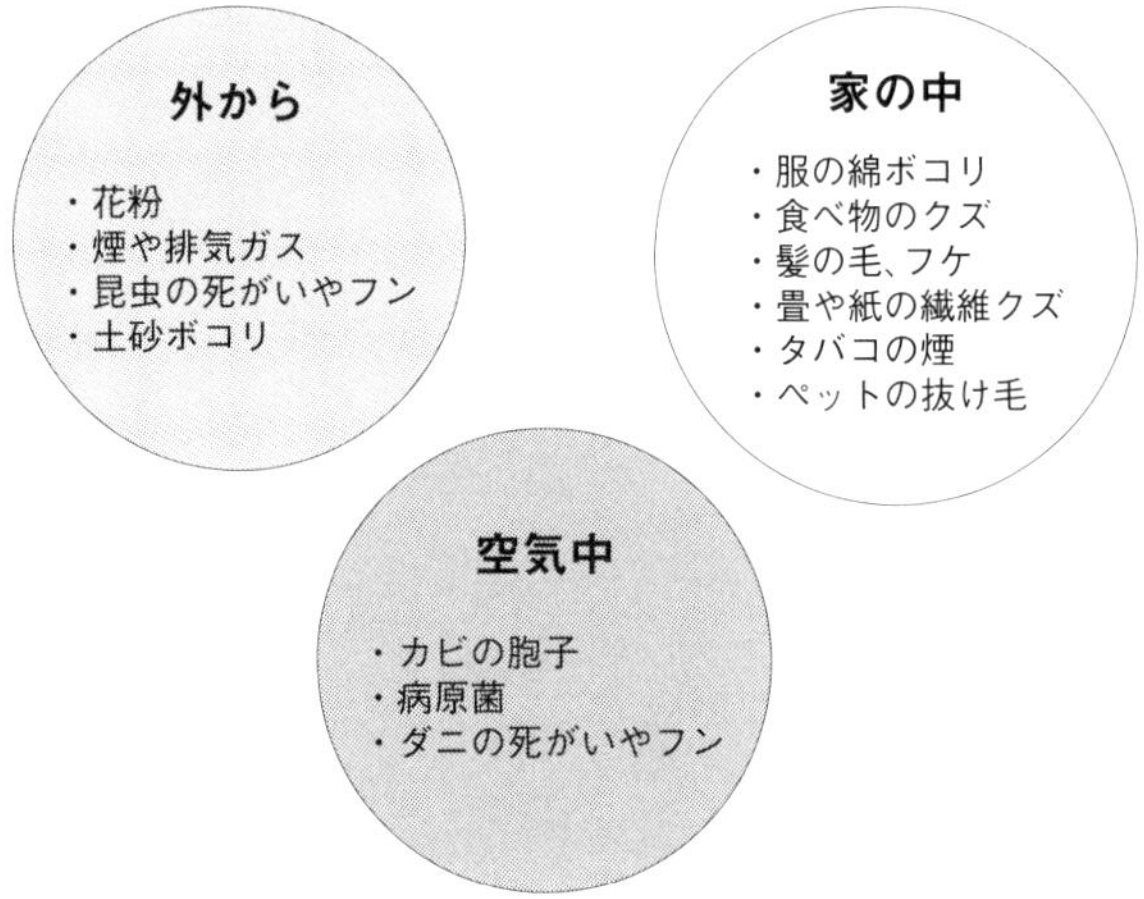

出典：DUSKIN「ハウスダストの知識と対策」

も大事です。これにより、有害物質や花粉の侵入も抑制できます。

　また、花粉症は、一般的に花粉と呼ばれる植物の粒子によって引き起こされるアレルギー反応です。このアレルギーは、花粉が鼻、目、口、喉、肺などの粘膜と接触した際に起こります。

　住宅には換気設備が設置されますが、屋外からの給気側に、花粉をはじめさらに小さなＰＭ２・５といった有害物質の侵入を防ぐ、高性能フィルター付きの装置があります。これを設置することは花粉症対策に効果的です。また、給気以外の建物全体の隙間からも有害物質の侵入があるため、気密性の高い建物を造ることが大切です。

シックハウス症候群とは

新築やリフォームした家で住む人たちがさまざまな健康障害に見舞われる現象を「シックハウス症候群」といいます。原因としてはカビ、ダニ、ハウスダスト、花粉だけでなく、建材から放散される化学物質なども挙げられます。これらの微生物や物質が、家に住む人のアレルギー反応や呼吸器系障害を引き起こす可能性があるのです。

シックハウス症候群を引き起こす化学物質には、ホルムアルデヒドや揮発性有機化合物（ＶＯＣ）があります。これらが空気中に放出されることで、目や喉の刺激、頭痛、吐き気、アレルギー反応などの症状を引き起こすことがあります。

このため２００３年に建築基準法が改正され、シックハウス症候群を誘発するようなホルムアルデヒドを含む住宅用建材の使用が制限されることになりました。

その一方で、いくら建物自体からは有害物質の発生がなくなったとしても、居住する人が持ち込む家具や生活用品には何も規制がなく、そこに有害な化学物質が使われていれば室内から発生することになってしまいます。そのために全ての住宅には機械

図表8　シックハウス症候群の原因と症状

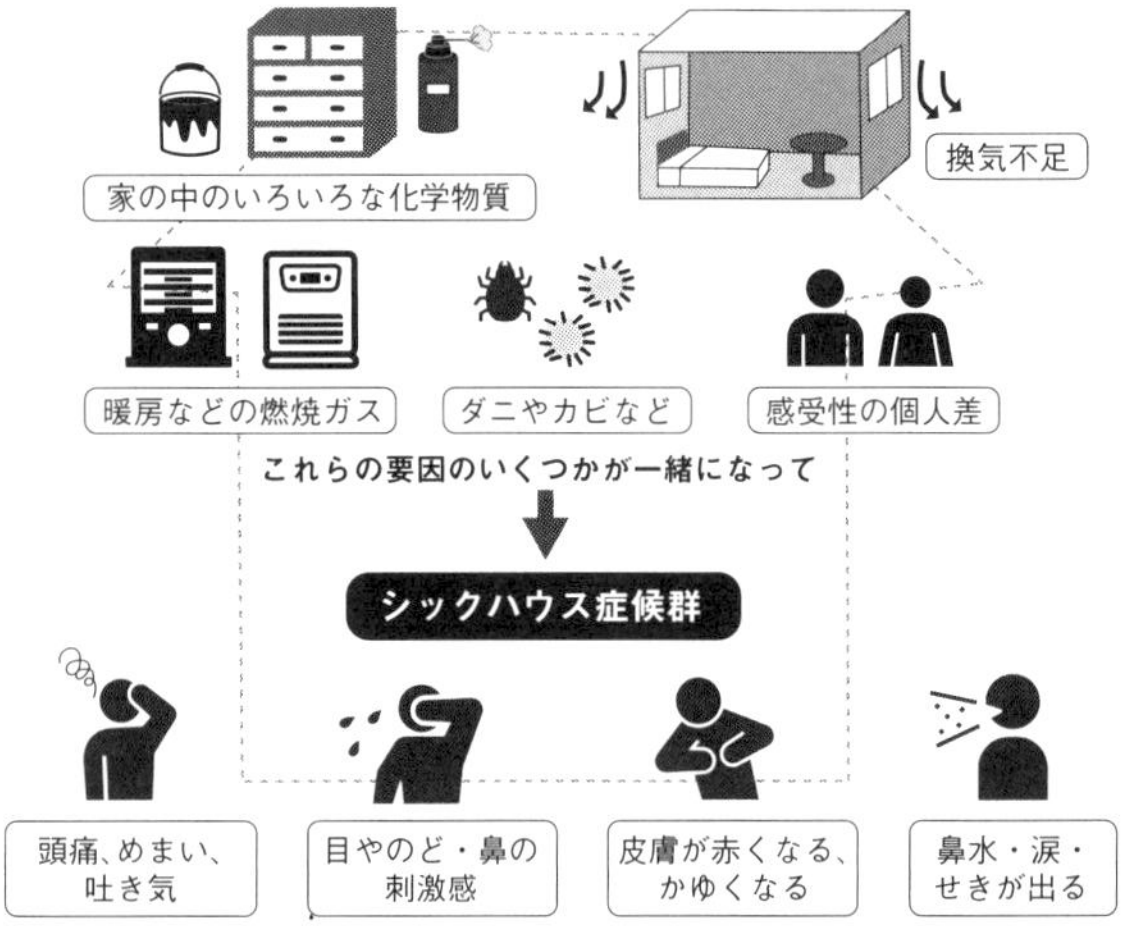

福岡市くらしの衛生ホームページ「シックハウス（室内の空気環境）」を基に作成

図表9　交通事故死亡者数と入浴中死亡者数の比較

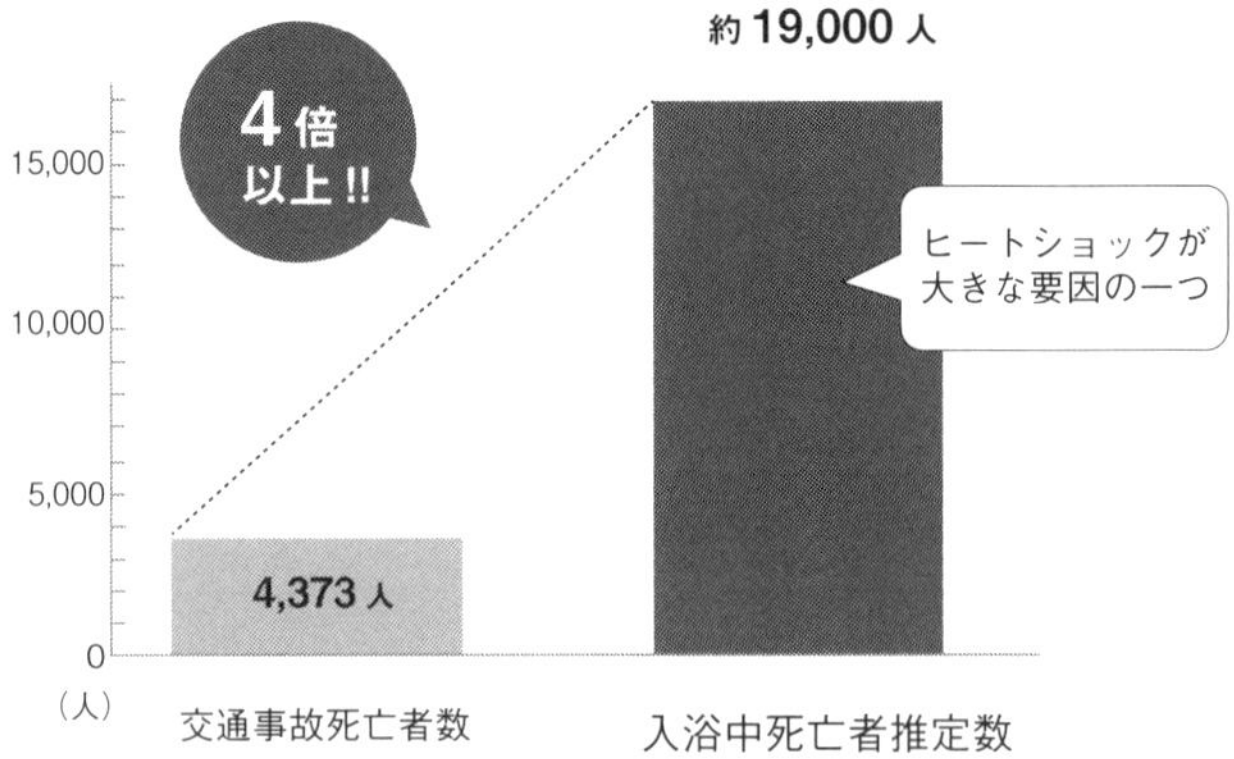

出典：厚生労働科学研究費補助金　入浴関連事故の実態把握及び予防対策に関する研究　平成25年度
総括・分担研究報告書、警察庁「平成25年中の交通事故死亡者数について」

設備による換気システムの設置が義務化されているのです。ただ機械は設置すればそれで良し、というわけではありません。給気や排気の計画のうまいへたといった経験の差が出ることや、建物に気密性能が伴っていなければ、隙間からの無計画な空気の出入りのせいで、きちんとした換気はできません。

つまり、シックハウス症候群対策としては、「有害物質を使用しない建物」は現在の家では当たり前なので気にする必要はありませんが、換気の考え方や、その前提となる気密性能について、納得するまで説明を受けることをお勧めします。

温度変化によって起こるヒートショック

ヒートショックとは、急激な温度変化によって起こる現象で、体に与えるダメージは重大です。急激な温度変化が血圧に影響を与え、心臓に余計なストレスをかけることで、失神や意識の混濁が起こります。特に高齢者にとっては、心筋梗塞、不整脈、脳梗塞などの重大な健康問題につながり、冬季には特にリスクが高まります。

厚生労働省の報告によると、心停止に至る事故も含めて、全国で年間約1万9000人以上の命が失われています。2013年の全国の交通事故による死者数は、警察庁によると4373人ですから、ヒートショックの危険性の高さがうかがえます。外出時に「交通事故に気をつけてね」とは言いますが、実は在宅時にも「温度差に気をつけてね」と言わなければなりません。自宅は交通事故の4倍もの死亡事故が発生するエリアなのですから。

大切なのは、高度な断熱性能と適切な暖房計画

住環境は住人の健康に大きな影響を及ぼすことが証明されています。国土交通省による調査では、冬の朝、室温が10℃低いと特に高齢者の血圧が上昇しやすくなります。逆に、断熱性のよい家では血圧が低下する傾向が報告されています。

人生100年時代といわれ、家で過ごす時間が格段に長くなっている今、このような健康障害を引き起こさない家の重要性が高まっているのです。

ヒートショックを避けるためには、暖房設備の選定も大切です。対流型暖房機器（エアコンやストーブ）は空気を直接暖めるのに対し、放射型暖房機器（床暖房やパネルヒーター）は人体や物を直接暖め、熱を周囲に再放射します。床暖房は特に効果的であり、血行改善の効果も期待できます。エアコンのように温風が吹き出ることは

図表10　冬季死亡増加率

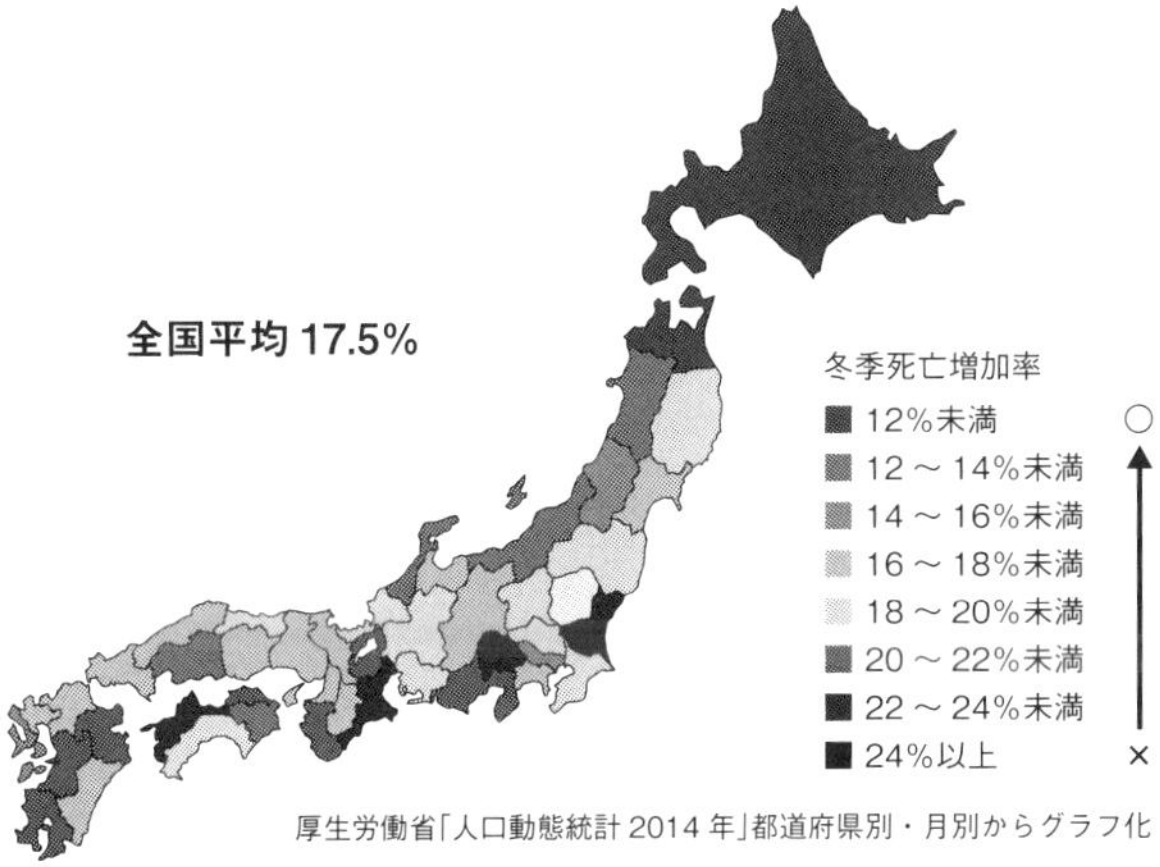

厚生労働省「人口動態統計 2014 年」都道府県別・月別からグラフ化

国土交通省　第49回住宅宅地分科会資料より

なく、ハウスダストをまき散らすことはありません。また気流が無いためエアコンに比べ2～3℃低い温度に設定しても暖かく感じられ、相対湿度が上がり乾燥しにくいのが特長です。ただし、断熱性能が低い建物では効率が悪くなることに注意が必要です。

ヒートショックの予防は、建物全体、玄関、廊下、トイレや浴室までもが均一な温度を維持すること、そのためには高度な断熱性能と、適切な暖房計画が重要なのです。

第3章

本当に健康で快適な家とは何か？

自分にとっての理想の住まいを思い描く

良い家づくりとは何か

家づくりというと、設計して図面を引き職人が組み立てる、と単純にイメージされることが多いのですが、本来の家づくりは単なる建築作業ではありません。建て主の暮らしをより快適、健康、安全にするための総合的なプロセスなのです。さらに「良い家づくり」となると、断熱性、気密性、換気の性能、そして冷暖房設備をバランスよく組み合わせることが必要となります。断熱材を適切に使って施工することで、家の中の気温は一年を通して一定に保たれます。これにより、冬季の暖房費や夏季の冷房費も削減されるのです。

高い気密性と適切な換気ができなければ、生活するうえで発生する水蒸気が家の中に停滞し、湿度が上がり結露やカビの発生リスクが高まります。また、気密性がないと換気が不十分となり、加えて外部からのちりや花粉が侵入しやすくなるため、アレルギーを引き起こす可能性が高まります。これらの問題を防ぐためにも、気密性を確保し、換気を意識することが不可欠です。

「最近の住宅は気密性が高くなって、息苦しく感じてしまうから換気が必要になった」と勘違いをしている人もいます。正解は異なります。結露を防ぐためにも、生活の中で発生する水蒸気や臭気・二酸化炭素の排出のためにも、住宅には計画換気が必須で、その換気をきちんと行うためには、計画された給気以外の隙間を塞がなければならない、ということなのです。

家の断熱性と気密性が高いと、少ないエネルギーで効率的に室温を保つことが可能です。エアコンだけでなく、床暖房を効果的に活用することで、真冬でも快適な住環境を維持することができます。断熱、気密、換気、冷暖房の4つがバランスよく機能することで、初めて快適な家が実現するのです。

家には耐震性や耐火性といった要素も重要です。ハウスメーカーによっては、耐震性や耐火性を前面に出して宣伝するところもあります。

耐震性能は、「住宅の品質確保の促進等に関する法律（品確法）」によって等級1から等級3までの3段階に分類されます。等級1が建築基準法レベルで、等級2はその1・25倍、等級3は等級1の1・5倍の耐震性があるとされています。大手ハウスメーカーが手掛けるプレハブ住宅では、商品それぞれで「型式適合認定」を取得する際に等級ごとに商品や規格を変えることはせずに、等級3となる規格で商品開発を行っています。一方、その他の建築会社などで完全な注文住宅を建てる場合には、建て主の意向を確認しながら耐震性と間取りや窓の配置をどのように確保するかを一緒に考えていくことになります。一般的には等級が上がるにつれ耐力壁の量が増え、それと引き換えに窓などの開口部が小さく（幅が狭く）なったり、窓の位置などの制約が増えたりすることになります。また壁量が多いと計算上の耐震性（耐震等級）は上がりますが、平面的、立体的にバランスの悪い家や、構造的に無理をした設計の家は、同じ等級同士であっても、実際の強度には大きな差が生じます。このあたりはよく建築士と打合せをし、納得のいく着地点を見いだしていくとよいです。また構造計算をきちんとしている会社に依頼することが大切です。

「木造は地震に弱く、鉄骨造だと強い」と思っている人も多いですが、これは正しくありません。建築基準法では、どの構造の建物であったとしても震度6強から震度7程度の地震に耐えられるように基準が定められています。そう考えるとどの構造であっても強いか弱いかの差がなく同じ耐震性を満たしているということになるので、家を建てるならどの構造でもよいということになります。一方で、断熱性能に関してはどうしても木造に軍配が上がります。木造が熱を伝えない素材で構造が成り立っているのに対し鉄骨は熱伝導が良く、熱さ、寒さをダイレクトに伝えてしまう素材で構成されているからです。鉄骨製の梁や柱が建物外周部から熱を受けた場合、家の隅々まで伝えてしまうのです。鉄骨造は木造ではできないような大空間を確保できるなど、素晴らしい特徴がありますが、通常の家の設計では、快適性を重視すべきだと思います。

耐震性と同じように、「木造は火事に弱いが、鉄骨造は強い」という考えをもつ人も多いですが、これも正しくはありません。鉄に火を付けることはできないが、木は燃える、というイメージがあるのは理解できます。ところが実際の火事は住宅の壁の中の鉄骨や木の柱という構造体が出火元となるわけではなく、コンロやストーブ、タバコの不始末などで発生することが多く、それがカーテンや家具などに延焼していくのです。そういう意味では、火事の発生と延焼には構造の違いは大きく影響はしません。当然、鉄筋コンクリート造のマンションでも火事は発生します。

また火災が燃え広がり、壁の内側にも火が入った場合には、木材は表面に火は付きますが、木の内部まで燃えて崩れ落ちるまで非常に時間がかかります。一般的な火災では温度が８００℃にもなりますが、その時点でも木材は70％も強度を維持しています。反対に鉄骨はわずか450℃の熱で曲がり始め、650℃で強度は半減しその後一気に崩れてしまいます。崩壊するまでの時間が非常に短いため、避難や消火までの時間稼ぎがしにくい構造なのです。建築基準法上も、木造の柱には耐火被覆の規制はありませんが、鉄骨の柱には耐火被覆をすることが義務付けられており、鉄骨を火から守る必要があります。

家づくりでは、「耐震性」と「耐火性」は非常に大事な要素なのですが、実際に建築される家には会社による大きな差はなく、建築会社選びの決め手にはならないのです。

しかし家にとって大事な性能である快適さに関わる、断熱・気密・換気・冷暖房設備の4要素を高い次元で満たした家を建てられる会社はなかなか見つかりません。北海道で家を建てている建築会社のトップ10には、実は大手ハウスメーカーだけではなく、地域に密着した建築会社が多く含まれています。気候の厳しい北海道では、断熱・気密・換気・暖房の性能が特に求められるため、大手のハウスメーカーでは建築できない高性能な住宅が多く選ばれているからなのです。

プレハブ住宅は、工事現場に建てられるような一時的に使われる小屋といったイメージが強いのですが、それは違います。プレハブは、あらかじめ作っておくことを意味するpre - fabricationの略語です。できる限り工場で家の部材などを作って、現地で組み立てて建てる工法をプレハブ工法といい、プレハブ工法で建てられた家がプレハブ住宅と呼ばれています。工場生産による高品質の施工、コスト削減、工期の短縮など利点も多く、品質も均一に保てるので多くの大手ハウスメーカーで作られています。構造も鉄骨、木造をはじめコンクリート製などもあり、立派な住宅でも中高層の建物でも、そのような施工であればプレハブ住宅といえます。特に工場でのものづくりが上手な日本で発展していて、家電メーカーや自動車メーカーが住宅建設に参入できるのもそのためなのです。

プレハブ住宅にも利点はあるのですが、組み立てやすさと運搬しやすさが重視されがちで、職人さんも大工仕事よりも組み立てる技術に長けている人たちなので、どうしても断熱性を高めるという技術面は重視されにくいのだと感じます。

快適な家の中では四季を感じない

今の生活環境の「不満」に気づくこと、家づくりはここから始まります。

多くの人は、夏は暑く冬は寒い、また日本は高温多湿だから湿気が多いのは仕方ないことだと思ってしまいがちですが、外の気候はそうだとしても家の中でもそうであればそれは快適な家ではありません。例えば次に挙げた項目で一つでも当てはまるようであれば、あなたが住んでいる家は快適とはいえないのです。

・夏の夜、エアコンが切れるとすぐに暑くなり目が覚める
・夏は1階より2階が暑い。屋根裏は地獄だ
・夏はトイレに熱気がこもり入ると汗をかく
・南の部屋と北の部屋で室温が違う
・冬に靴下の2枚重ねや、ふかふかのスリッパが欠かせない
・冬に家の中で厚着をするか、リビングから廊下に出るときには上着を1枚羽織る
・冬の朝、暖かい布団から出たくない
・冬に毎日結露を拭く作業が面倒だ
・冬に風呂に入るには気合がいる
・浴室がカビだらけ

・風呂の天井から水滴がぽたぽたと落ちてくる
・湿気てしまうので靴箱や押し入れに除湿剤を入れている
・電車の音や人の声など家の外がうるさい。隣家の雨戸の開閉音が気になる
・自分の家のピアノの音や話し声が外に漏れていないか常に気になる

これらは全て、家に対する不満のはずです。しかし、本当に快適な家を知らないと、まあそんなものだとして不満だと認識していないことが多々あります。本当は誰もが「夏は涼しく、冬は暖かい」環境であってほしいと思っているはずです。夏の夕方に家に帰ってきて玄関を開けたとき、ムワッと暑いと感じたら「暑くて蒸し蒸しする」と不満に思うし、冬には家の中が冷え冷えしていたら思わず身震いしてしまいます。2階建ての家で、夏の暑い日に階段を一段上がるごとに暑くなっていく経験をしたことがある人もいると思います。

冬の朝、温かい味噌汁から湯気が立っているとおいしそうに見えるかもしれません。しかし、味噌汁から湯気が立つようでは、快適な家に住んでいるとはいえないのです。湯気が見えるのは室温が低くなっている証拠で、室温が低下せずに快適な温度が

キープされていたら湯気は立ちません。実際、冬以外の春・夏・秋には味噌汁から湯気は立たないはずです。

冬のように気温が低くなると、空気中の水蒸気が一瞬で液体化して細かい水滴になって見えるようになります。寒い日に外に出ると息が白くなるのは、体内の水蒸気が口から出た瞬間に冷やされて、液体になって白く見えているのです。私の会社で建てた家では、冬でも一定の室温を保っているので味噌汁から湯気は立ちません。ホットコーヒーからも湯気は出ないし、バスタブからも湯気は立たないのです。

騒音についても、家の中にいるのに雨の音、隣の家の門を開け閉めする音、自転車を出し入れする気配など、外の細かな生活音が聞こえてくることに自覚をもつことが大切です。こうした音を不満に思っても仕方がないと片付けて過ごしてしまいがちですが、不満は小さくてもストレスとなり、繰り返すうちに大きくなってしまいます。

本当に快適な家とは、これらの不満が一つもない家です。そのため、快適な家には四季がありません。外が夏であろうと冬であろうと関係なく、一年中常温で暑さ寒さを感じない家こそ、快適な家といえるのです。

ところが、今日本に建っている多くの家は断熱性や気密性などに問題があるため、家の中に四季がある、つまり快適ではない家です。生まれてから一度も本当に快適な家に住んだことがない人にとってはこれまで住んでいた家が自分のなかの基準となるため、「トイレは熱気がこもるものではないのか？」「湯気が見えないなんてことがあるのか？」と思うかもしれません。しかし、現にそんな魔法のような快適な家が存在します。私からすると魔法でもなんでもなく、家というものはそのように快適であって当たり前という感覚ですが、実際には日本では現在建築中の最新の家も含め不満だらけの家が多くを占めているのが実情です。

だからこそ、せっかく注文住宅を建てるのであれば、これまでの自分の常識を覆すような、不満の一切ない本当に快適な家を建ててほしいと思うのです。

何のために家を建てるのか

家を建てたいと思う理由は人それぞれです。子どもが生まれて家族が増えたとか、子どもが独立して夫婦二人になったから小さい家に引っ越そうとか、定年退職して老後を快適に暮らしたいなど、なんらかのきっかけがあって現状を変えたいから家を建てることを検討するのです。

新しく家づくりをしたいと思って住宅展示場を回る人のなかには、漫然とモデルハウスを眺めるだけの人も多いです。家の外観デザインや間取り、動線、インテリアといった表面的な部分しか見ようとしません。もちろん、それらも大切ではありますが、それはどの工務店でもハウスメーカーでも希望したら叶います。いろいろなデザインや間取りを家づくりの参考にするのはよいのですが、どの建築会社に依頼するのかの見極めには関係がありません。あくまでもモデルハウスというものは無限にあるデザインや設備のたった1例でしかありません。家というものは、建て主の数だけデザインや間取りの種類があるのです。それよりも建てる建物の性能や快適性、技術力、コンセプトなど、本質的な部分で工務店やハウスメーカーの比較をしたいものです。

モデルハウスに来た人に話を聞くと、大抵の人は「家の中は夏だから暑くて、冬だから寒いです」と言います。一見当たり前のことに聞こえるかもしれませんが、これは実は不快な家に住んでいる証拠でもあるのです。

そもそも世界に目を向けると、日本を除く先進国では冬でも暖かく暮らしています。特に日本より寒さが厳しい地域でも、室内では半袖で暮らしています。「家の中は夏は暑くて冬は寒い」原因は日本の家の性能が低いことにある、ということは日本の多くの人が知らない事実なのです。

モデルハウスに来てくれた人には、最初に「何のために家を建てるのですか？」と聞きます。その後、快適に暮らすということがどういうことかを簡単にお伝えしています。多くの人は快適に暮らすことについて考えたことがないと言います。

展示場に来たら家のデザインや間取りといった外面的なことを比較しても仕方がありません。どこのハウスメーカーや工務店でも好きなデザインや設備の家を建てられますし、「こうしてほしい」というリクエストはどこの会社でも叶えてくれます。間取りもよほど特殊でない限りは希望どおり設計してくれます。しかし建築会社選びの要点はそこではないと思います。

私は、モデルハウスに来た人に、「なぜ展示場にやって来たのか」、「今の家のどこに不満があるのか」という点について、考えてもらうようにしています。

家の違いというのは、デザインや間取りといったことではなく、「快適さ」です。「快適な家」と「快適ではない家」があるだけです。そして、四季の寒暖差や、湿気や騒音の問題などをきちんと解決できる家であることが重要なのです。

ほとんどの人は快適な家に住んだことがない

モデルハウスに来たほとんどの人は「快適かと聞かれても分からない」と答えます。それは、これまで快適について真剣に考えることはなかったからです。だから、「現在お住まいの家は夏暑くて冬寒いですか?」と聞くと、「なんでそんな当たり前のことを聞くのだろう?」と不思議な顔をするのです。多くの人は、それが普通ではないということが分かっていません。

日本では「真冬に快適なのは居間だけで、玄関や廊下なんて寒くて長時間いられたものではない」というのが一般的な認識だと思います。しかし、夜中に酔っ払って帰宅した際に、玄関でそのまま寝込んでしまっても風邪をひかない暖かさがあって初めて「家が暖かい」と言えるのです。玄関だけでなく、キッチン、廊下、浴室やトイレも同じように暖かいことが重要です。本当の快適な家とは、建物全てが暖かくて快適なのです。

ただし、日本でも北海道では欧米並みに快適な家が多く建っています。冬になると極度に寒くなるため、その分断熱の技術がしっかりしています。真冬の北海道は連日

図表11　断熱住宅普及率

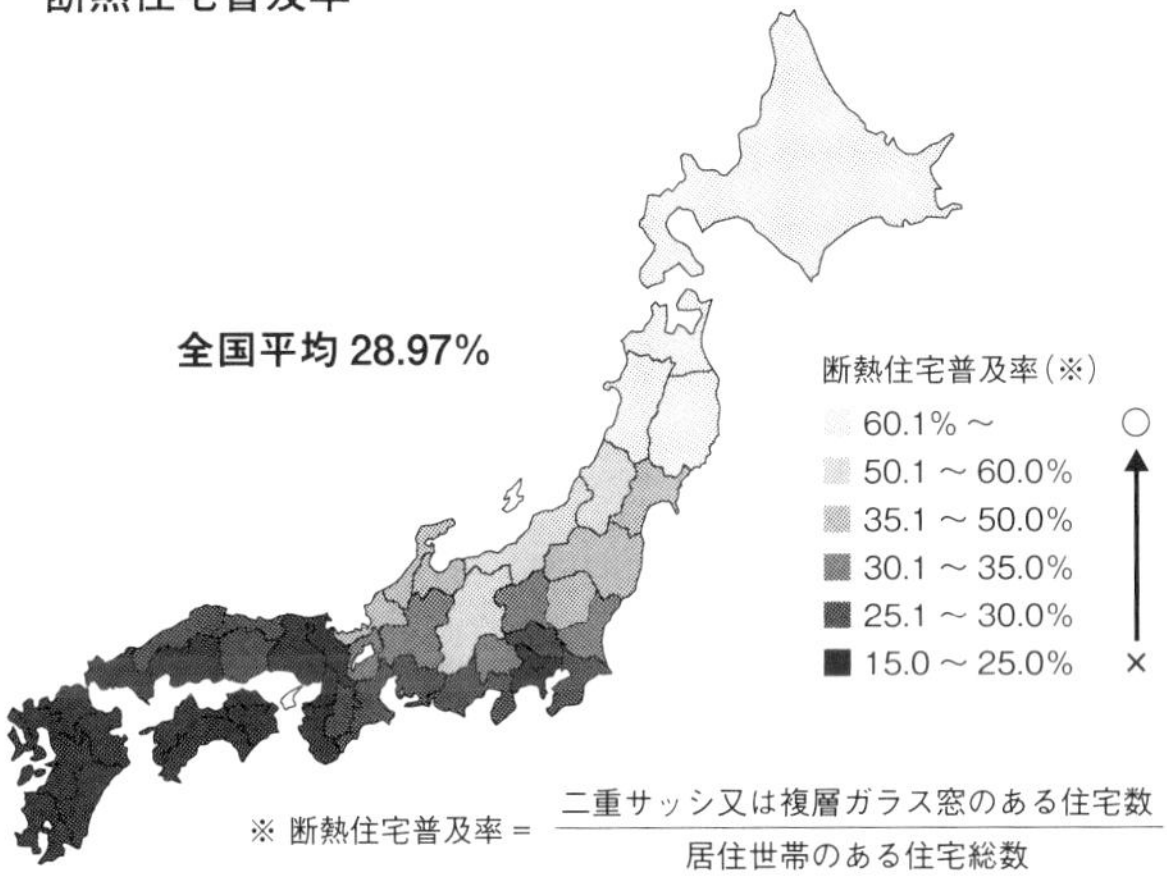

総務省「住宅・土地統計調査2018」より算出

吹雪ということも珍しくないまさに酷寒の地で、1日の間で0℃を上回ることはほとんどなく、そんなところに居住する人たちは、さぞ凍えているだろうと思いがちです。ところが実際は逆で真冬でも家の中では半袖で快適に暮らしている人が少なくありません。それぐらいきちんと断熱された家に暮らしているのです。

北海道に住んでいた人が東京に引っ越してきたときに最も驚くことは、冬の家が寒いことだといいます。東京の家は壁が薄く窓のサッシが貧弱で、常に隙間風が吹いていて、東京の人はこんな寒い家によく住んでいられるなと驚くのだそうです。それだけ北海道の人たちは、快適な家に住んでいるのです。

事実、北欧をはじめとしたヨーロッパ諸国では、日本よりはるかに長くて寒い冬を過ごさなければならず、かなり昔から建物の断熱の技術が発達してきたので、現代では冬でも快適な家が当たり前になっているのです。

そう考えると、北海道を除いた本州以南の家の問題なのだと思います。温暖な気候であるにもかかわらず、家の性能が低いせいで冬は寒いのが当たり前になってしまっているのです。

その理由は、風通しを良くして夏の暑さを和らげることを重視したつくりになっているからです。夏は暑いといっても、大昔は30℃を超えない気温で過ごしやすかったのです。そのため風通しにより夏の暑さをしのぐということを重視して、冬の寒さは我慢しようという発想が根底にあるからです。吉田兼好が『徒然草』で「家の作りようは、夏をむねとすべし」と述べているように、「夏涼しくて、冬寒い」家が昔から良い家とされてきたのです。

このように言うと、「北欧は、夏は涼しいから日本とは違う」とか、「北海道には梅雨が無いから本州の湿度の高い地域とは違う」、「日本の気候は特殊なのだから仕方がない」という反論もあるかと思います。それならなぜ多くの家が夏は家の中が暑いままなのか、なぜトイレ内が暑くムッとしたり、クーラーが停止したとたんに目が覚めるほど暑くなったりするのか、夜は寝苦しく、大昔と違い、真夏に風通しをしたところで現代の気候では家中が熱気に包まれるだけです。断熱というのは本来、冬も夏も関係なく外気の影響を家の中に与えないための技術です。魔法瓶は熱湯でも冷めず、冷水でもぬるくならない、外気に影響されない性能をもっています。建物も断熱がきちんとされていれば、わずかなクーラーで夏は涼しく、わずかな暖房で冬は暖かく保つことができます。冬に暖かくない家は夏も暑いに決まっているのです。

そう考えると、寒冷地に比べればそれほど寒くもない日本の大半の地域で、どうしてトイレや浴室、廊下が暖かい家が建てられないのか疑問です。

本当に「快適な家」とは

「快適な家」を一言で表現すると、年中一定で快適な温度が維持できる家です。リビングだけではなく、廊下も玄関も納戸も含めて、年中一定の温度が保たれる家を快適な家と定義しています。

快適な家は、外の天候にほとんど影響を受けないことが大事です。梅雨のじめじめした季節でも押し入れに除湿剤を入れなくても湿度が上がることなくカビも生えません。しかし実際には、夏は屋根や開口部からの暑さが建物内に充満し、冬には開口部や外壁、床下から屋内の暖かさが逃げてしまう家が多いのです。

一般社団法人日本建材・住宅設備産業協会がかつて調べたところ、冬に屋内の暖気が屋外に逃げていく割合は窓などの開口部からが58％と半分以上を占めています。また換気により15％の暖気も失われていました。夏に冷房をかけていた室内に入ってくる熱気は、窓などの開口部からが73％と大半を占めています。

私は「夏涼しくて冬暖かい」という表現は使いますが、本来は涼しいことや暖かいことは相対的なものです。夏に家の中が25℃で外が40℃近かったら涼しく感じますし、冬に室内が25℃で外が０℃だったら暖かいと感じます。

家の中の気温が年間を通して一定であることで、夏は涼しく冬は暖かくなるのです。

もちろん、大規模で一年中稼働させるような全館空調の設備を採用すれば全館が快適になりますが、空調の機械はいずれ劣化や故障し、更新の必要がでてきます。送風ダクトの清掃が困難だという問題もあります。機械が大型化、複雑化すれば更新の際

図表12　開口部の断熱性能

冬の暖房時の熱が開口部から流出する割合　**58%**

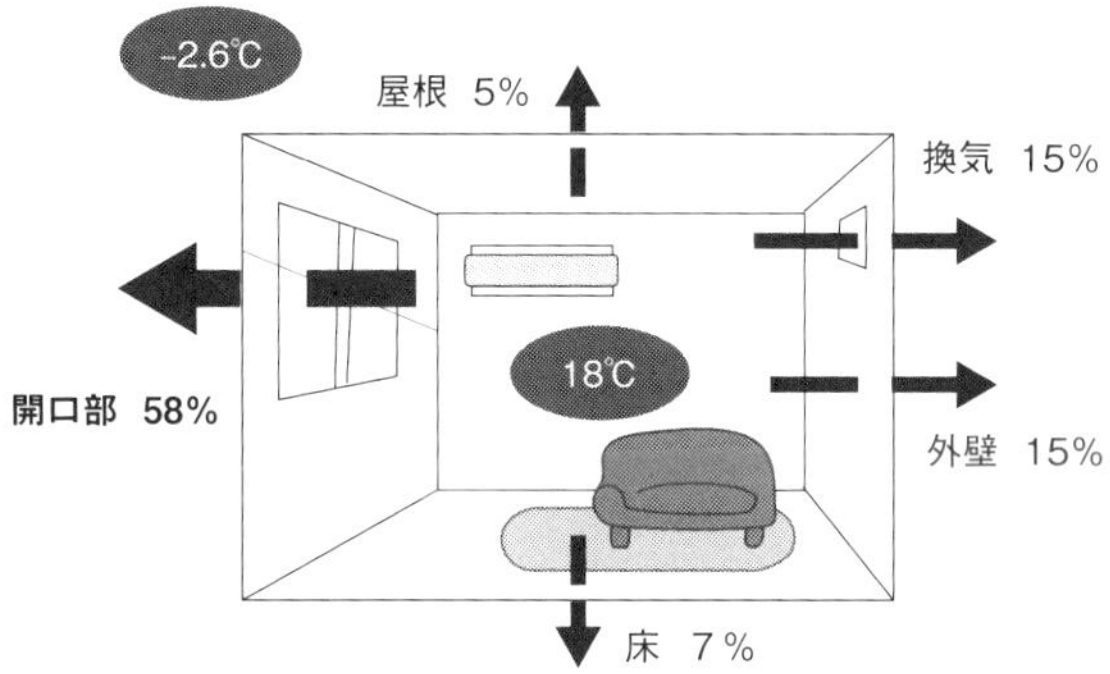

夏の冷房時(昼)に開口部から熱が入る割合　**73%**

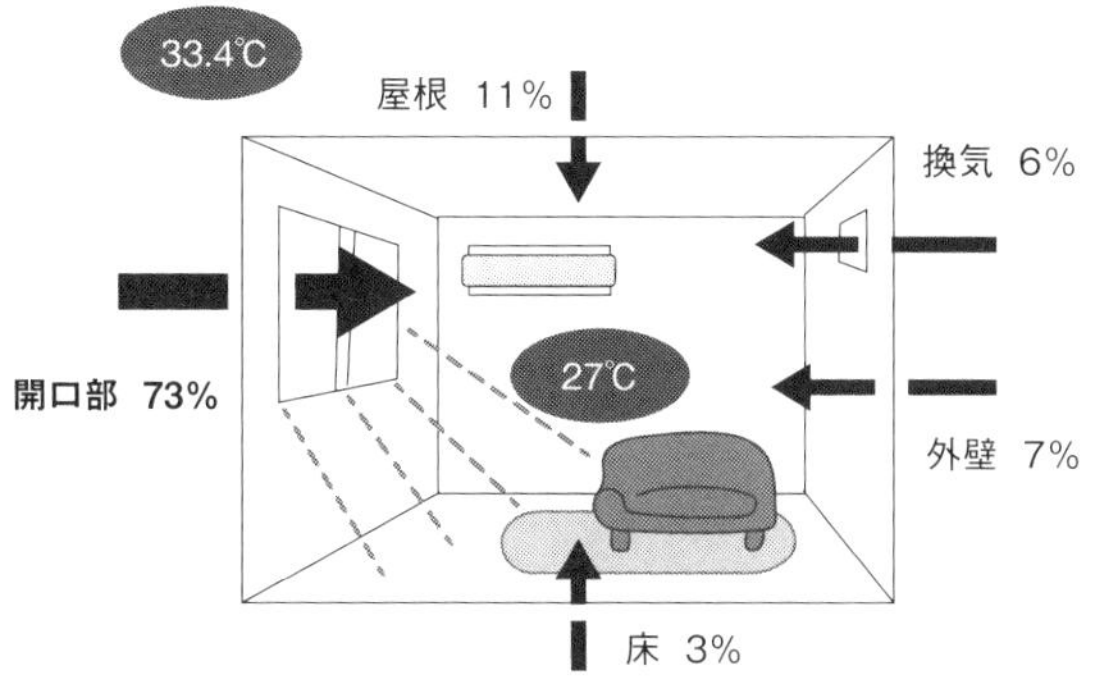

経済産業省資源エネルギー庁「住宅による省エネ（住宅の省エネのポイント）」を基に作成

の費用も高くつくため、できるだけシンプルな機械の設置とするべきです。私は家の断熱性と気密性を高めることで、空調設備に過度に依存せず光熱費を抑えても室温を一定に保てる家が、真の「快適な家」だと考えています。

電気ポットのように電気を使わなくても中身を保温し続けてくれます。「快適な家」も長時間冷暖房を切っていても室温を維持してくれるのです。

結露するのは快適な家ではない証拠

快適で長持ちする家を建てるには結露の発生を防ぐことが最も重要です。

なぜ冬に結露が発生するのかというと、人の息や汗、料理や風呂などの生活するうえで発生する水蒸気は、常に部屋の空気中に浮遊し、外は乾燥しているけれど、水蒸気は家の中にこもることになります。そして夜になると外気温が下がるのに伴い家の空気も冷やされます。すると空気中に浮かんでいた水蒸気が冷やされて液体になり、窓に付着して結露になるのです。

空気は温められるほど多くの水分を含み、水蒸気はたくさん空気中に取り込まれます。結露の原因は、室内に水蒸気があるからだけでなく、室温が下がるからなのです。

例えば一晩中窓に向かってドライヤーでガラスを温め続けていれば結露が発生することはありません。温度が下がらなければ、水蒸気は液体化しないから窓も汗をかかないのです。

冬でも日中は比較的結露は発生しません。北日本など極端に寒い地域を除き、冬でも昼間は外気温が10℃程度あり、室内の気温もそれなりに高いからです。しかし、深夜から明け方には外気温は０℃ぐらいになります。そうなると室温も下がるため、空気中に浮いていた水蒸気が液体化して窓や壁に付着してしまうのです。

夏に結露しないのは、単純に室温が25℃以上あるので、水蒸気は気体のまま空気中に浮遊していられるからなのです。

「結露は家の中と外との温度差があるから発生するのだ」と思っている人がいますが、これは間違いです。外がどんなに冷えていても、室内側のガラスの表面温度が高く保たれていれば結露しません。宇宙船からの中継の映像を注意深く観てみると、窓には結露がなく、素晴らしい景色がはっきりと見えています。宇宙はマイナス２７０℃の極寒ですが、宇宙船の内部はきちんと常温を維持しているからなのです。

家の中の水蒸気の量は、同じ家族が同じような生活をしている限り、冬も夏もほと

図表13　結露する仕組み

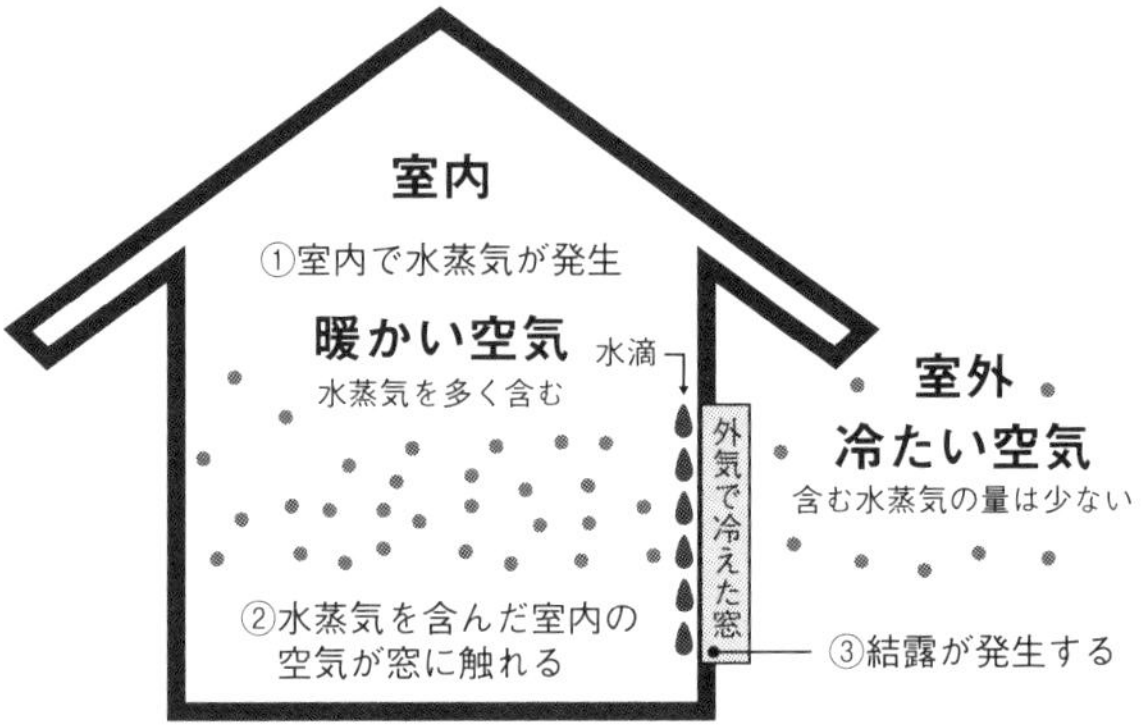

マイホームマガジン『住まいの大敵！カビの原因にもなる冬の窓に「結露」ができる理由と対策とは？』を基に作成

んど変化しませんが、冬は外気温が下がるにつれて室温も下がってしまい、液体化して結露してしまうのです。浴槽からの湯気や、味噌汁の湯気についても結露と同様の仕組みです。室温が下がっているから水蒸気が空気中で結露し、目に見えるということです。

　また、換気がきちんとされず空気がよどんでいると湿気が溜まりやすくなるので、同じ温度でも結露しやすくなります。押し入れや下駄箱のような換気しにくいスペースは、空気が滞留しがちで湿気が多く、また部屋の暖房が届きにくく気温が低いため、結露しやすくその結果カビが生えることになります。

空気をよどみなく換気しようと思ったら、給気の穴以外の余計な隙間を全て塞がなければなりません。つまり、気密性が伴わないと換気はうまく機能しないのです。

結露を防ぐためには、①換気（家の中の余分な水蒸気を排出すること）、②暖房（室内の温度を露点温度以下に下げないこと）、③断熱（廊下や風呂も含め建物内全てで温度が低い場所を生じさせないこと）、④気密（無計画な隙間からの空気の出入りを防ぎ、換気が効果的に行われること）が全てそろわなければならないのです。

一部屋に一台のエアコン設置は不要

最近では、各部屋にエアコンが設置されるのが当たり前になってきています。ところが、真夏に各部屋のエアコン全てを運転したとしても、廊下やトイレ、浴室や納戸といったエアコンを設置していないスペースは暑いままです。しかし断熱性が非常に高い建物では各階1台、もしくは建物全体で1台の家庭用クーラーの運転だけで冷やすことが可能です。

部屋の中では、人間の発熱のほか照明器具やパソコンなどの家電の発熱もあり、扉を閉め部屋に閉じこもることもあるため、各部屋にエアコンを設置することは問題ではありません。しかし、各部屋のエアコンを全て運転したとしても、廊下を含めた建物全体を冷やせないことが問題なのです。

快適な家とは、エアコンや全館空調などの冷暖房機器にほとんど頼らなくても夏は涼しく、冬は暖かくできる家のことなのです。

エアコンの設置場所にも問題があります。エアコンは冷房にも暖房にも使いますが、エアコンは部屋の上部、天井に近いところに設置されるケースがほとんどです。冷房の際は冷たい空気は重たく下方に向かっていくため、部屋の上部からまんべんなく部屋を冷やすことができて効率的です。ところが、冬は暖かくて軽い空気を部屋の上からいくら吹き出しても足元まで届くことなく部屋の上部に漂ったまま、ということになります。冬にエアコン暖房を効かせ過ぎると、頭がぼーっとするほど暖かいのに、足元は冷たく物足りないままです。

暖房器具が部屋の上部に設置されているのはナンセンスです。欧米諸国の寒い地域や韓国、日本でも北海道ではエアコンは暖房としてはほとんど使われず、床暖房か、あるいは足元にパネルヒーターや蓄熱暖房を設置するのが普通です。北海道を除く日本では冬の快適さは重視されず、エアコンを暖房としても流用してしまっているのが実情なのです。

家への不満を書き出してみると理想の家がみえてくる

今住んでいる家の不満に気づくことが快適な家を実現する第一歩です。例えば、冬になると隙間風が吹きこんで寒くて仕方がない古い家に住んでいる人が、新しい家に建て替えたいと考えているとします。

ところが、その人が新築の家を建てたとしても、現状では多くの場合、冷暖房機器を多く設置するだけで決して快適とまでは言えないような家になってしまうケースが多いのです。高性能の家ではなく、単に冷暖房機器がたくさんついた家が建つだけで、結局は今住んでいる老朽化した家と、新築の家の機能はほとんど変わっていないことになります。

家の機能は、冷暖房の話だけではありません。極端な話、暖房を切って出掛けたとします。1時間後に3℃下がる家と、0・1℃しか下がらない家とではどちらが高性能な家なのか、考えるまでもなく答えは明らかです。

その差が家の機能の違いです。現在一般的に建てられている家は、室温が下がった分だけ冷暖房で補うので、一見、年間を通じて快適な温度を保てる家ということになります。それは家のもつ本来の機能ではなく、冷暖房機器に頼り切っているだけの話なのです。今住んでいる古い家にエアコンを何台も買ってきて、各部屋、廊下、玄関、トイレ、納戸など全ての箇所に設置することで、全ての空間を快適な温度にするのと同じことです。優れた家とは、冷暖房を極端に少なくしても快適でいられる家なのです。

現代は、全館空調に代表されるように、冷暖房が過剰になってきているイメージがあります。その一方で、家自体は30年前と断熱性という点では変わっていないと私には感じられます。理想的で快適な家とは、家がもつ機能により最小限の冷暖房で事足りる家なのです。

第4章

人生100年時代の家づくりのポイントは
一年中素足で暮らせる家かどうか

健康と快適さを兼ね備える
全室寒暖差ゼロ、
高断熱・高気密な家とは

人生100年時代の家で大切なこと

長寿命化が日本だけでなく世界各国で進行し、人生100年時代とまでいわれるようになりました。そして長い人生を健康で心地よく過ごす住まいが求められています。そのためには、ただ建てるだけの家では不十分です。

高断熱・高気密の家では外気温に影響されにくく、冷暖房設備も効率よく作動し、家の各部屋の温度差がほぼゼロとなるため、例えば風呂上がりに寒い廊下を歩くときに感じるような不快な思いはしません。人が健康で快適に過ごすためには、寒暖差を感じずに済むような住環境が不可欠です。

湿度が高いとカビやダニが増え、ハウスダストが発生してアレルギーなどの健康リスクが高まります。しかし、高気密の家では外部の湿気やちりを効果的にシャットアウトすることが可能です。これにより、健康を害する可能性のある有害物質の侵入を防ぎ、長期間にわたって快適な居住空間を実現できるのです。

そして、高気密な家であるからこそ、効果的な換気が可能になります。換気ができて初めて新鮮な外気をしっかりと室内に取り込み、不快な湿度や臭いを外に排出できます。高断熱・高気密の家では、冷暖房設備も効率よく働きます。そのため、エネルギー消費が減少し、経済的にも優れた選択となります。室内の寒暖差がゼロの高断熱・高気密な家こそが、これからの人生100年時代に求められる家なのです。

真冬に素足半袖で暮らせる家をつくる

私は顧客を「建て主」と呼んでいます。あくまで私は家づくりを手伝っているに過ぎなくて、建て主の主導で家を建てることが大事だという意識があるからです。

建て主とは家を完成させたのちも交流を続けています。なかには「家に帰るとまず靴下を脱いでいます」と言って、靴下と素足の写真を年賀状に載せてくる人がいたり、「寒がりでいつも靴下を2枚履いていた私が、いつも素足でいられるのがすごく不思議な気持ちです」と手紙に書いて送ってくれる人がいたりします。

高断熱・高気密の家で暮らすと元気になっていく感覚をもつ人が多いようです。家の中はどこも一定の気温が維持されているので、心身ともに良い影響を感じる建て主が多いのです。

以前はとにかく風邪をひかないように体調管理に気が抜けなかったけれど、寒い日でも気温は安定しているから風邪をあまりひかなくなったという人がいます。床暖房はエアコンほどには乾燥しないので、喉が痛くならないし肌のかさつきが減ったという声も届きます。また、かつては冬になると浴室や洗面所でストーブをつけなければならなかった人が、余計なことをしなくなって楽になったなど、良い話はたくさん聞いています。

日本の家で「暖かさ」という場合、リビングが暖かいかどうかを意味します。浴室が寒いなら浴室暖房を設置しよう、と局所的に暖める発想しかありません。最近、多くのハウスメーカーが採用する全館空調とは、いろいろな場所にエアコンの吹き出し口をつけて24時間冷暖房をつけ続けている巨大なエアコンシステムを指します。しかし、それでは吹き出し口のない納戸や押し入れはどうなるかというと、空気が停滞して湿度が高くなって結露やカビが発生することになります。全館空調はあくまで空調で快適さを生み出しているだけで、家の性能で快適にしているわけではないので、空調エリアと非空調エリアの間にはどうしても温度差ができてしまうのです。本来は家の性能を高めて断熱性を上げることで温度を均一にするべきです。

「バリアフリー」という言葉は、床の段差や手すりがあってお年寄りや体が不自由な人が安心して生活できることだけでなく、本当に大事なのは、家の中の空間のどこにも温度差がない「温度のバリアフリー」です。玄関に入った瞬間から家中のどこに行っても寒暖差がないことが快適な暮らしには必須なのです。

建材を数値で判断してはいけない

快適な人生を過ごすために家を探しているという人が、「家づくりの良し悪しは断熱性だと聞いたので体験しに来た」と言って私のモデルハウスにやって来ることがあります。本を読んで知ったという人や、たまたま知り合いが快適な家に住んでいるので、自分も住みたいと考えるようになった人もいます。

断熱の知識が豊富にある人は、よく「断熱材は何mm入っているのか」「断熱材は何を使っているのか」と質問をします。そのときに私は、「断熱材の種類はいろいろと使っています。厚みも壁や天井、基礎や屋根などでそれぞれ必要な量で施工するのでいろいろです」と答えています。

例えば2種類の断熱材があったとして、片方は同じ厚さだと半分の断熱性能しかない素材でも、2倍の厚みにして使用すれば、性能は両方同じになるからです。

また性能が良い断熱材を分厚く入れたとしても、完璧な施工をしていなければ、計算上のスペックは高くても、実質の快適さは実現されない家になってしまうからです。

要するに、施工技術が完璧でなければまったく意味がなく、言い換えれば施工技術が完璧でさえあれば断熱材の種類はどれでもよく、その断熱材ごとに必要な厚みを確保さえできれば問題ありません。問題なのはその施工技術の程度を数値化する方法がないことなのです。

レストランに例えると、味の良し悪しといったものを客観的に数値化することはできないので、レシピや原材料だけで比較しているようなものなのです。

だからこそ、レストランの新作料理を試食するように、住宅展示場などの実物件で快適さを味わってみることが大切なのです。建築的な知識など一つもいりません。暖かいのか、涼しいのか、冷暖房設備が最小限となっているか、外の音が聞こえないか、結露していないか、乾燥していないか、というようにどれも難しいことはなく、専門的な知識などゼロで構いません。

高気密な家とは

「高気密」と聞くと、宇宙船のように密閉された息苦しい家だというイメージをもっている人や、密閉されているからこそ換気が必要なのだと思い込んでいる人が多くいます。

しかし、気密性が高いから換気が必要になるのではなく、「効果的な換気をするためには気密性を高める必要がある」というのが正しい解釈です。家の中の空気の流れをコントロールして管理するには、隙間風のような無計画で無秩序な空気の出入りを完全に止め、計画的な換気ができなければなりません。そのために気密性を高めているだけなのです。横に穴が開いたストローでは飲み物を飲むことができないのと同じです。

気密測定の様子

私の会社では、完成した家は全て気密性を測定しています。測定する際には、空気を取り込む穴（給気口）をガムテープで全て塞いできちんと高い気密性があるかチェックします。つまり計画された給気口以外からの空気の出入りがゼロに近くなれば、気密性が高いということになります。

私の会社のモデルハウスでは、見学に来られた人に給気口に手を当ててもらい、どの程度空気が入ってくるのかを体験してもらっています。そして想像以上に空気が流れ込んでいることが分かると一様に驚きの表情を見せてくれます。きちんとした気密性能があれば、空気が絶えず流れていつでも風通しをしている状態なので、息苦しさとは無縁の爽やかな空間になるのです。私が「換気」といっているのは、新鮮な空気が家の中の隅々まで流れるようになることです。

つまり家中にある隙間を徹底的になくして家の気密性を高め、決められた穴から空気が出入りする状態をつくり出すことなのです。具体的にいうと、トイレやキッチン、納戸といった空気の汚れる場所から排気するためには、リビングや寝室といった排気口からできるだけ離れた場所に空気の入口になる給気口を設けます。これによって、入ってきた外気は居室の中を横断して廊下を通り、トイレや浴室を経由して屋外に排出されるという空気の通り道をつくるのです。

こうすることによって、人の滞在時間が長くなる居室から人の息や汗といったものが廊下を経由しながら移動していきます。絶えず廊下側から空気が移動してくるために浴室やトイレの湿気や臭気が廊下側には出にくいというメリットも生まれます。この空気の流れを正しくつくりだすには、家を高気密にして空気の流れをコントロールできるようにしておくことが必要です。

家が隙間だらけで高気密でなかったとしたら、仮にトイレに換気扇があったとしても、そのトイレ周辺の隙間から外気が入り、トイレの排気口から出ていくだけになってしまう、いわゆるショートサーキットという状態になります。空気が入ってすぐそばから出ていっているだけで、廊下や居室など建物全体の空気が動かない無計画換気の家となってしまうのです。

隙間だらけでショートサーキットになっている家は、屋内で空気が滞留してしまう場所ができ、換気不足の一因となります。換気不足の状態では二酸化炭素濃度の上昇や、湿度、温度の不均衡、結露の発生、カビやダニの繁殖が生じます。これらは健康や快適性にとって大いに悪影響をもたらします。

また換気システムの選定も大切です。40年にもわたって換気計画を行ってきた経験則では、日本の一流電機メーカーからも換気システムが販売されていますが、数年ごと、へたをすれば1年で新商品に切り替わってしまうため、私の会社ではスウェーデン製の換気システムを採用しています。大きなモデルチェンジは十年以上に一度の間隔でしか行われませんので、ずいぶん昔に建築した家でもいまだにモーターの交換や修理が可能で、信頼できると考えているからです。

気密性が高ければ断熱性も高いとは限らない

私の会社のモデルハウスへ見学にくる人のほとんどが、気密性と断熱性の関係を勘違いしています。気密性が高いと断熱性も高いという誤った認識をもっているのです。見学に来た人が、冬の暖かさや夏の涼しさに驚き、「気密性が高いからこんなに暖かい（または涼しい）のですね」と言われることがよくあります。隙間が少ない高気密の建物は、隙間風が入らないから一定の室温を保つことができるのだというイメージを持っているようです。

実際には、家を暖かく、涼しく保つのは「断熱性」であり「気密性」はほとんど関係ありません。戦前の住宅のように、壁板の隙間から家の中に朝日が漏れるような極端に隙間が多い家が冬に寒いのは当然として、普通の家が寒い、暑いのは、「断熱性」が低いからだということにつきます。「気密性」はあくまでも換気をきちんと行うために重要なだけなのです。実際に私の会社のモデルハウスの給気口からは、真冬には氷点下の外気がかなりの勢いで入ってきますが、給気口からわずか10㎝離れた場所は20℃以上の室温となっています。つまり極寒の寒風を換気として入れても、断熱性がしっかりしていればまったく寒くはならないのです。

鉄筋コンクリートのマンションは非常に気密性が高い建物です。建物がコンクリートで塗り固められており、サッシ以外にほとんど空気の漏れる場所がないからです。ところが、南向きで日当たりの良いマンションで真夏の昼間に最上階の部屋に行くと、驚くほど暑くなります。窓から強い日差しが射し込んで室温が極度に上昇するからです。冬には通常の一戸建てよりは暖かいとはいっても、北側の部屋は寒く、玄関も浴室も決してぽかぽかと暖かくはありません。これがマンションは気密性が高いけれど断熱性は低いという証拠になります。つまり、気密性と断熱性は関係がないのです。

断熱性と体感温度の関係

断熱性が低いと、同じ室温であっても体感温度に差が生まれます。例えば同じ室温25℃の家であっても、片方は快適に感じるけれどももう片方はやけに寒く感じるということがあるのです。

体感温度とは人が体で感じる暑さ寒さを数値で表したものです。「運動量」と「着衣量」でも差が出ますが、それ以外にも「気温」のほか「放射」「湿度」「風速」という四つの要素で変わります。

「放射」とは床や天井、壁、窓、家具などの周囲からの放射熱（表面温度）によるもので、体感温度≒（表面温度＋室温）÷2といわれています。断熱性の低い家は外気温の影響を受けやすいため、室内の壁の表面温度が高く、あるいは低くなり、断熱性が高い家に比べると暑さや寒さを肌で感じてしまうのです。断熱性が高い家では、屋内の家具をはじめ生活用品が全て冬は暖かく、夏は涼しい状態が保たれるため、快適に感じます。

また「室温」が同じでも「湿度」が違うと体感温度に差が出ます。真夏にエアコンで体温よりも低い28℃に室温を調整していても熱中症になるのは、湿度が高いために発汗と汗の蒸発が進まず、体感温度が室温以上になるからです。暖房設備では、エアコンは乾燥が進んでしまい体感温度が低くなるのに比べ、床暖房やパネルヒーターは空気が乾燥しないため、同じ室温でも体感温度が高くなり、理にかなった暖房だといえます。一般的に、湿度が10％変わると体感温度はおよそ2℃変わるといわれており、快適に過ごせる湿度はだいたい40～60％の範囲です。

「風速（気流）」も体感温度に大いに影響を与えます。真夏の屋外で風が吹いていれば涼しく感じ、冬だと気温以上に寒く感じるのは、誰しも経験があり理解できると思います。屋内でも同じで、夏の冷房としてはエアコンのように風を吹き出す設備はより涼しさを感じられるので問題ないのですが、冬に暖房として使用すると、気流により暖かさを感じにくいので、設定温度を上げる必要があります。床暖房やパネルヒーターといった放射暖房は、エアコンと違い風がないため、体感温度が高くなり快適なのです。

断熱性を高めることは難しい

断熱性が大事だという話をすると、断熱材が厚ければ厚いほど断熱性は高くなると思われることが多いのですが、断熱材の厚さと実際の断熱性の高さは比例するわけではありません。正確にいうと、「断熱材を厚くすると、計算上の断熱性は比例して上がる」のは当然なのですが、「計算上の断熱性が高い家」が「きちんと断熱された保温性の高い家」となるわけではないのです。断熱性を表す数値の計算には、断熱材の施工の良し悪しは一切加味することができないからです。

断熱性を上げる点で難しいのは、１００点か0点しかないところです。99点取っても1点足りないだけで、0点と同じになってしまいます。例えば、バケツは穴が1個でも開いていたら役に立たないのと同じイメージです。

昔の風呂桶は木の板を組んで作られているのに隙間から水が漏れることはなく、それだけ精密に組み立てられていました。完璧な高断熱の家づくりにはそれと同じぐらい難しい技術が必要です。

少しでも隙間があれば、断熱性は完全に失われてしまいます。そのためいかに隙間

図表14　施工によるちがい

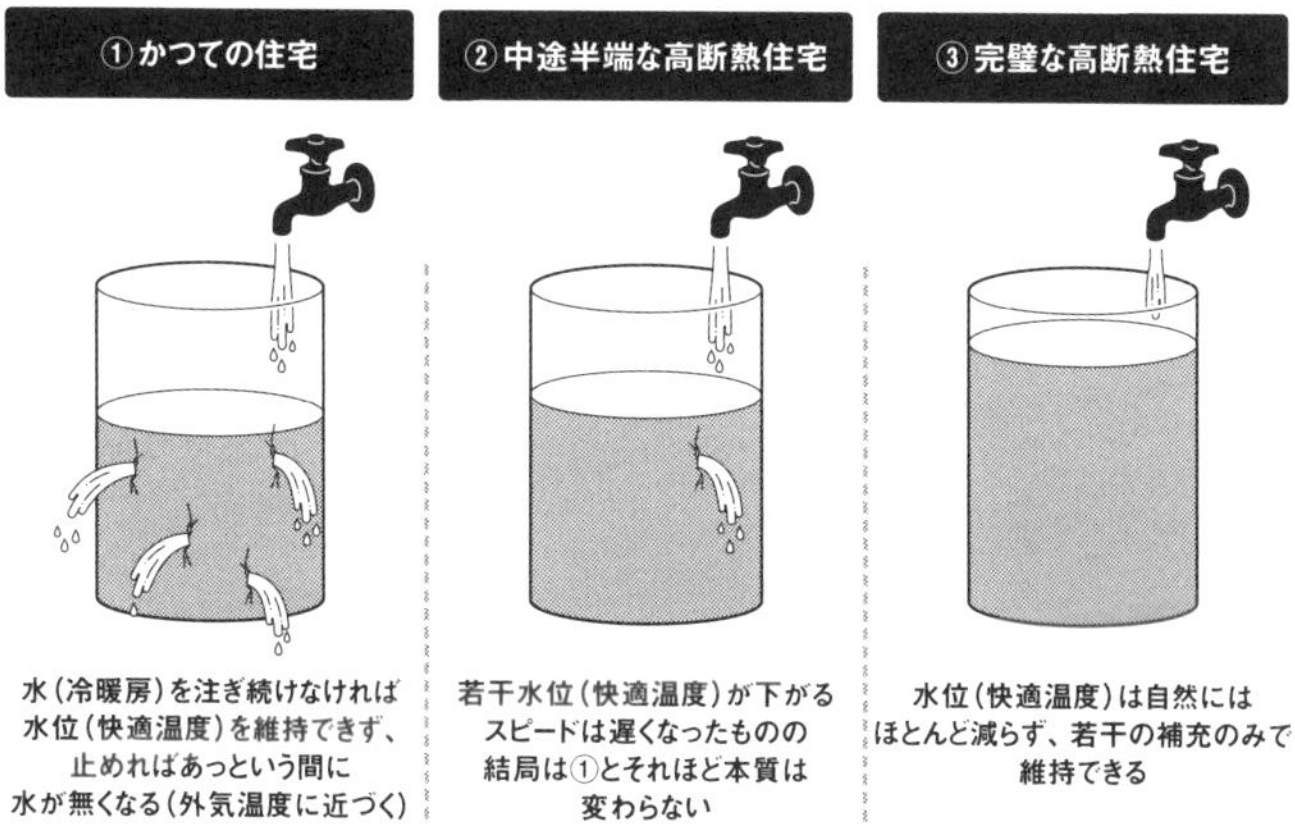
①かつての住宅
水(冷暖房)を注ぎ続けなければ
水位(快適温度)を維持できず、
止めればあっという間に
水が無くなる(外気温度に近づく)
②中途半端な高断熱住宅
若干水位(快適温度)が下がる
スピードは遅くなったものの
結局は①とそれほど本質は
変わらない
③完璧な高断熱住宅
水位(快適温度)は自然には
ほとんど減らず、若干の補充のみで
維持できる

をつくらないかというところは名人芸の世界といっても過言ではありません。断熱材を現場で施工する職人さんの腕前は、完璧な断熱のために、一点の抜かりもなく丹念に完璧な作業ができるかにかかっています。

建築会社側も、あくまでも計算上の断熱性能をカタログでうたえればよいので、断熱を完璧にすることに、そこまで手間と労力を費やす必要はないと考えている可能性もあります。ハウスメーカーなどが工場で生産するプレハブ住宅であれば断熱材を正しく使った精度の高い施工がなされているように思いますが、工場での生産のしやすさ、組み立てやすさ、現場への搬入のしやすさなど、さまざまな制約もあるため、

ずらりと並んだモデルハウスの室外機

「精密」ではあっても「完璧」な断熱施工となるのかという話とは別物だと考えられます。

電気のケーブル線、コンセント、スイッチ、照明器具の配線などが構造体である壁の内部を通っています。完璧な断熱のためにはそれら障害物の周囲や、指が入らないような柱と柱との間の小さな隙間にも一つひとつ丹念に断熱材を詰めていかなければなりません。隙間内部で発泡する泡状の断熱材もありますが、構造材、電気配線、各種金物など壁の内部にはさまざまな障害物が存在するため、隙間の奥まではなかなか完璧には入らないものなのです。

断熱性能が高いかどうかは、モデルハウスでいくら説明を聞いたり、計算上の数値を比較したりしても実態は分かりません。ところが簡単に、建築の専門家でなくとも判断できる方法があります。それは、モデルハウスの裏側に設置されているエアコンなどの室外機を見ることです。

室外機は断熱性能を表す唯一の証拠です。計算に頼るまでもなく、実際の断熱性能が高いか低いかは必要な冷暖房能力に比例するので、室外機の大きさ、設置台数、運転状況を見るべきなのです。

1棟のモデルハウスには普通サイズの室外機で10台以上、もしくはかなり大きな能力のものが複数台、場合によっては20台を超える室外機がずらりと並んでいるケースもあり、その異様な光景に驚きます。また、真冬の日中にモデルハウスを見学に行くと、室外機を見れば暖房が運転中かどうか分かります。本当に断熱性が高ければ、日中の暖かい時間帯には暖房が切ってあるのが普通なのです。

冬とはいっても昼間から暖房を続けているような家は、夜中や明け方も一日中暖房を切ることができないということを意味します。断熱性が多少でも高いのであれば、せめて昼間ぐらいは暖房がいらない家でなければならないのです。

高断熱とは結果が全てであるにもかかわらず、その材料や計算上の数値で良し悪しを決めようとするのは間違いです。どんなものを使っているかというよりも、実際に快適さを実現していることが大事で、これこそが住宅展示場でモデルハウスを体感する意味になります。

その点からいうと、断熱材の勉強など必要ありません。建築会社がどんな断熱材を使っていようが、結果的に高断熱がしっかり実現できていることが重要です。

日本には断熱を重視する文化があまりありません。計算上は断熱材を厚くするだけで「省エネ」をうたえるため、実際の断熱性を上げる必要はなく、職人自身もあまり断熱について重要だと思っていない人が多いのが現状です。多くの職人は、「断熱材は入っていればいい」「こんなわずかな隙間は無視してもどうということはない」と考えています。断熱材をしっかり機能させるためには、どうでもいいぐらいに小さな隙間も見逃さない丁寧な施工が大事なのに、とりあえず断熱材を使いさえすればそれで満足してしまっているようにも思えます。

断熱ができる職人とそうでない職人の違いは、断熱材を入れる細かい作業をコツコツ積み重ねることができるかどうかです。技術に加えて根気と、その手間と時間を容認する建築会社の姿勢が必要になります。

結露を防がなければならない理由

空間により温度差があることでヒートショックを起こすことがあります。ヒートショックは断熱性に関係します。建物内でヒートショックが起こるということは、きちんと断熱ができていないことを意味しているからです。

一方、結露の発生は、断熱・気密・換気が全てきちんとできていないと防げません。結露の発生しない家は完璧に快適な空間をつくり出せている家です。

結露は壁の内部や床など構造体を劣化させるので家の寿命を短くすると同時に、住む人の健康にも障害を与える厄介な存在です。結露の水分がカビの発生を引き起こしますが、結露にしてもカビにしても、換気計画の良し悪しに影響されます。

一般的にカビを防ぐためには、下駄箱や押し入れ、納戸、クローゼットの中といった湿気の溜まりやすいところに除湿剤を置く人がほとんどです。

ところが、換気がきちんとできている家では、除湿剤を置かなくてもまったく湿気はなく、カビも生えません。最初にこの事実を聞いたら、「そんなことはないだろう」

と思う人がほとんどです。湿気のない押し入れなんてあるわけがないというのが常識になっているからです。しかし、正しく換気されている家では、押し入れに湿気はありません。そうはいっても、押し入れにカビが生えない家を建てるのはとても難しいことです。気密と断熱と換気のバランスが悪いとすぐに結露してカビが生えてしまうからです。

多くの人は、カビが生えるのは当たり前で仕方ないと思っていて、日本の気候は湿気っぽいから、で終わらせてしまいます。本当は気候のせいではなく、今住んでいる自分の家に問題があるのだということに早く気づかなければならないのです。

高気密な家は防音・遮音にも優れている

高気密によって快適な空間を確保するメリットは結露を防ぐだけではありません。騒音も軽減する効果があります。幹線道路沿いに住んでいると、車の行き来が激しく騒音も大きくなります。電車の線路が近くにあったり飛行場があったりする場合も、大きな音に悩まされることになります。

しかし、高気密によって防音性・遮音性も高まると、音に関するストレスから解放されます。精神的な面で、非常にプラスになるはずです。生活をするうえで、静かであることは精神的に安らぎが得られます。在宅勤務をするうえでも騒音に邪魔されないので、会社のオフィスでの作業よりもむしろ集中できる環境かもしれません。逆を言えば家の中の音が外に漏れず、外に迷惑をかけることもありません。

防音を語るときに意外な盲点になるのは1階の床下です。一般的な家は床下が空間になっています。そのため外部の音が下から入らないよう工夫すべきです。いずれにせよ外部からの音が入らない家は、家の中の音が外に漏れる心配もない、ということになります。

高断熱・高気密の家が快適な理由

高断熱・高気密で換気が整い家の中が快適な空間になると、精神も安定してきます。冬の寒い夜にトイレに起きるとき、大抵の場合は布団から出たら暖かい上着でも着込まなければ廊下に出られません。しかし、家全体が高断熱・高気密だったら、パジャマのままで廊下に出ても寒くありません。リビングからほかの部屋に行くことが億劫に感じずに家の中を移動できますし、家族全員がリビングに集まり暖をとるということもありません。特に高齢者は、暑かったり寒かったりすることで室内の移動範囲が狭くなる傾向があります。建物内に温度差がなければ家の中を自由に歩き回れるので、体力維持にも役立ちます。一年を通して自由自在に家の中を軽やかに動けるのは、快適な生活を送るうえで非常に大きなことなのです。

断熱性能の基準とは

「断熱性能」は、計算して数値で表すことができます。断熱性能は「U_A値」で表します。外皮平均熱貫流率を意味し、家全体から逃げる熱を建物の表面積（外皮）で割って算出します。U_A値が小さいほど熱の損失が低いので、あくまでも計算上ですが断熱性が高いことを表現しています。

しかし、断熱性能に関する値は断熱材の性能値と厚みを掛けたり、部材のもつ断熱性能値から算出したりした、いわば単なる「机上の計算値」でしかありません。施工の良し悪しは一切考慮されないため、本当の断熱性を知る指標としてはまったく使えない代物です。バイオリンのコンクールで、高額で良い音のするバイオリンを使いさえすれば、演奏することなく入賞させるようなものです。

図表15　外壁や窓の熱性能について

外皮平均熱貫流率による基準

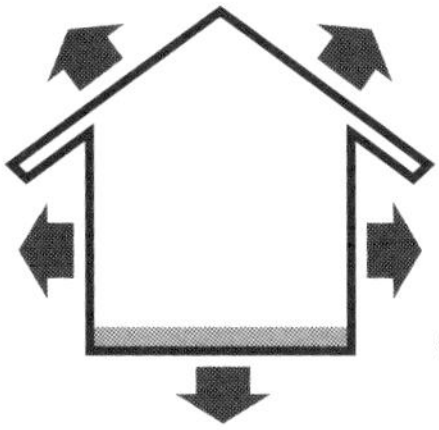

外皮平均熱貫流率（UA 値）＝ 単位温度差当たりの総熱損失量※1 ／ 外皮表面積
（住宅の断熱性能を数値的に表したもの）

※1 換気及び漏気によって失われる熱量を含まない。

国土交通省住宅局「住宅・建築物の省エネルギー基準」を基に作成

本当の断熱性を知るには、実際にモデルハウスに行ってみて、建物内の隅々まで温度差がないか、またエアコンの機械や全館空調の吹き出し口をよく見るとよいです。さらに建物の横や裏に設置してある室外機などの規模や台数、運転中なのかどうかを確認します。実際それ以外には建物の断熱性を確かめる方法はありません。

モデルハウスに設置されている冷暖房機器の能力がまさしく断熱性能を表しているからです。エアコンの台数が何十台も、しかも一日中つけっぱなしの家は、断熱性がないとみなして間違いありません。断熱性が低いから室温を一定にできず、冷暖房をフル稼動して常に温度を調整し続けなければならないのです。バケツに例えると、穴の開いたバケツに水を注ぎ続けていないと、すぐに水位が下がってしまうのと同じです。水位を下げないためには、漏れ出る分だけどんどん水を足し続けるしかありません。断熱性に自信がある会社のモデルハウスは設置している冷暖房機器が少ないはずです。

気密性能とは

建物の気密性を表す指標は「C値（相当隙間面積）」で、建物の隙間の合計を床面積で割って計算し、建築物の気密性能を数値化します。

C値が低いほど隙間がなく気密性が高いのです。施工の結果そのものを物件ごとに実測できるわけですから、当然全棟測定すべきものですが、なぜか大手ハウスメーカーの施工を含め大多数の建物では実測されることはありません。

計算だけで表せる断熱性能については、段階を追って省エネ基準が引き上げられてきたのに対し、気密性能に関しては、数値の基準も「C値」という言葉自体も、2009年の「エネルギーの使用の合理化に関する法律（省エネ法）」改正により撤廃されて

図表16　住宅の気密性能について

相当隙間面積による基準

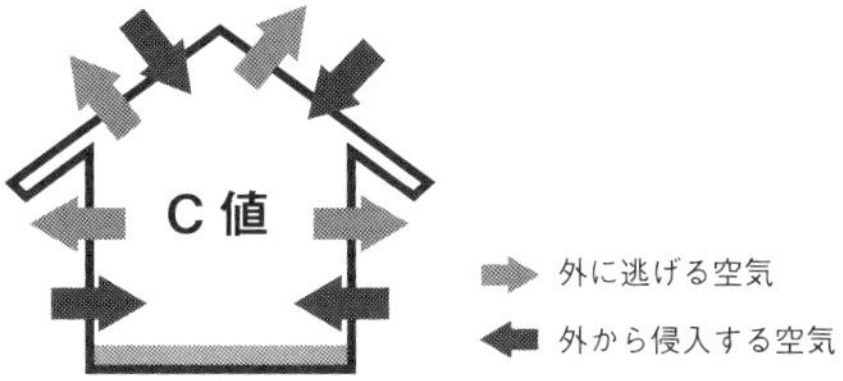

相当隙間面積(C値)＝家全体の隙間の合計(㎠)／床面積

国土交通省住宅局「住宅・建築物の省エネルギー基準」を基に作成

現在に至っています。

撤廃の理由については、「気密を確保することが広く普及し、その目的を達したから」という非常に説得力のない説明がなされただけでした。なぜなのか少し理解に苦しみますが、気密を実測できてしまうことが誰か、またはどこかの会社にとって都合が悪いからなのかと勘繰りたくなりますがこれが事実です。

換気方式の違いとは

換気の方式は「第1種換気」「第2種換気」「第3種換気」という3つの分類があります。

●第1種換気

第1種換気は、給気口と排気口の両方に換気のための機械装置を設置した換気方式です。多くの場合、給気側と排気側との2つのモーターが必要となる方式です。

メリット

・建物の気密性能に影響されにくい

この換気方式は給気と排気を機械的に送り出すことが可能なため、建物自体の気密性能が高くなくとも、少なくとも多少は空気を室内に送ることが可能です。

デメリット

・コスト面の負担

給気側と排気側との両方にモーターなど機械装置を設置するため一般的に換気の機械本体が高額となり、また排気側だけでなく給気側にもダクトが必要なシステムも多く、配管費用が多くかかります。

・ダクト内の清掃が不可能

装置の構造上、ダクトの中に蓄積したほこりの清掃ができません。排気側のダクトだけでなく、新鮮な空気が送られてくる給気側のダクトも清掃することはほぼ不可能です。機械本体には通常、高性能フィルターが装着されており、99・9％の汚染物質はフィルターにとどまるので、ダクトが汚れるはずがない、と主張する人もいます。しかし、言い換えれば0・1％の物質はフィルターを透過しているため、それがダクト内に徐々に付着するのです。

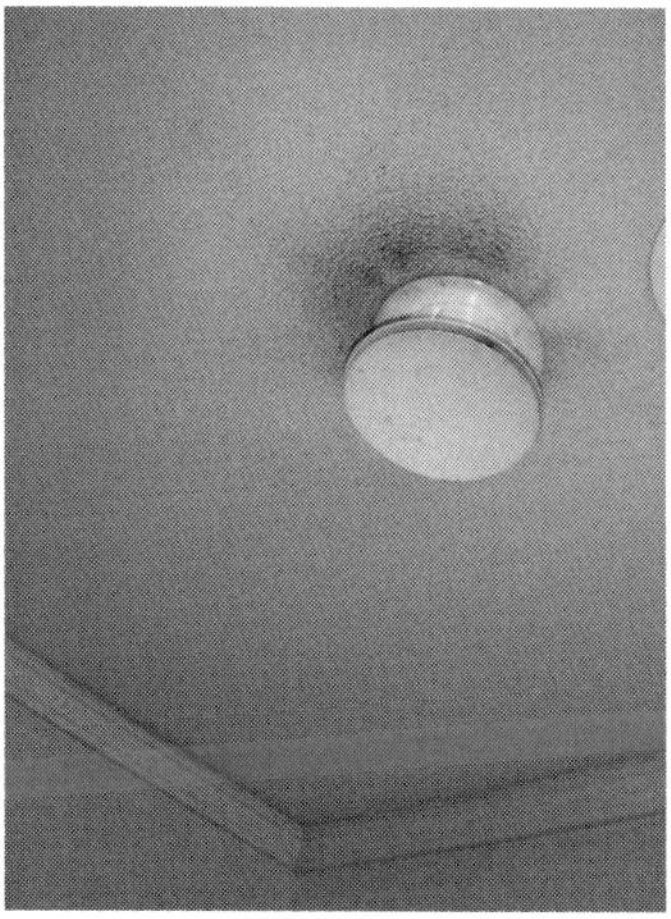
第1種換気　給気口のスス汚れ

私の会社では40年ほど前には第1種換気を採用し、機械も日本製、スウェーデン製、フランス製と使用してみましたが、やはりダクトの汚れの問題を解決することができないため、第3種換気に切り替えた経緯があります。

●第2種換気

第2種換気は、給気口には機械装置が装備されている一方で、排気口は自然な状態で空気を排出する仕組みです。

この方式は、給気口に設置された機械によって、外気を室内に積極的に送り込む構造になっています。その結果、室内の気圧は外部の気圧よりも高くなるため、クリーンルームや食品製造、薬品工場など、清潔さが求められる場所にはこの換気方式が最適です。しかし、住宅にはこの方式はほとんど採用されていません。人の呼吸や発汗、浴室からの湿気といった空気中の水分が、屋内の気圧が高いことにより、壁の内部に侵入しやすくなり、壁内結露が発生する恐れがあるからです。

●第3種換気

第3種換気は、排気側に機械装置が配置され、給気は排出された空気の圧力により自然に入る換気方式です。この方式では、排気側の機械によって空気を屋外に排出するため、室内の気圧は外気よりも低くなります。

メリット

・低コスト

モーターは排気側にしかないため、機械本体の価格も安く、ダクト配管も排気側にしかないため、コストが抑えられます。

・壁内の湿気対策

室内の気圧が外気より低くなるため、壁内への湿気の侵入が抑制されます。

・ダクトの汚染問題がない

給気側にはダクトがないため、長い年月によるダクト内部の汚れが室内に出てくる心配はありません。また排気側にはダクトが存在しますが、あくまでも屋外への排出ルートであり、汚れていたとしても室内には影響はありません。

デメリット

・高い気密性能が必要

住宅の気密性が低い場合、さまざまな隙間から空気が流れ込む可能性があり、十分な換気が行えない可能性があります。そのためにも気密性能をよく確認することが大切です。

第3種換気を採用している会社のモデルハウスでは、壁に設置された給気口に手を当ててみると、気密性の高い家では勢いよく空気が入ってきているはずです。そのときにすぐそばの窓を一カ所開けて気密性能を落としてみると、家の全ての給気口から流入していた空気がピタッと止まるはずです。気密性が高い家なのかどうかは、こうした実験で分かるはずです。

私がおすすめしているのは第3種換気です。

ただし、建物が高気密な家であるという条件での話です。第3種換気を採用した場合、トイレや浴室やキッチンといった空気の汚染が生じる場所を中心に機械で排気をします。排気された分と同じ量の空気が、リビングや各居室に設けた給気口から引っ張られるようにスムーズに入ってきます。建物内には給気口以外に隙間がないので、排気場所から遠く離れた部屋の給気口からでも空気が取り込めます。長く快適に暮らせる家を建てるのに、第1種換気のようにダクトの清掃が不可能な方式は採用すべきではありません。

図表17

第１種換気

給気 ➡ 換気扇　排気 ➡ 換気扇

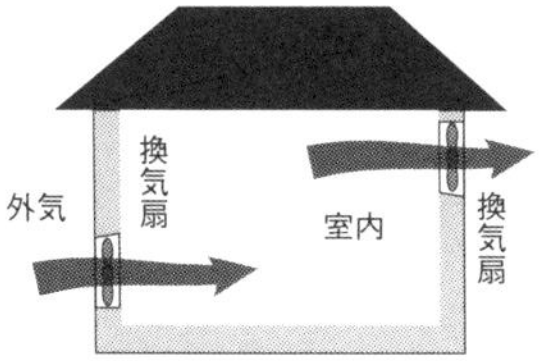

●換気方式の中でも最も確実な換気が可能で空気の流れが制御しやすいタイプです。
比較的気密性の低い住宅でも安定した換気効果が得られ、戸建・集合住宅ともに使用可能です。

第２種換気

給気 ➡ 換気扇　排気 ➡ 自然排気

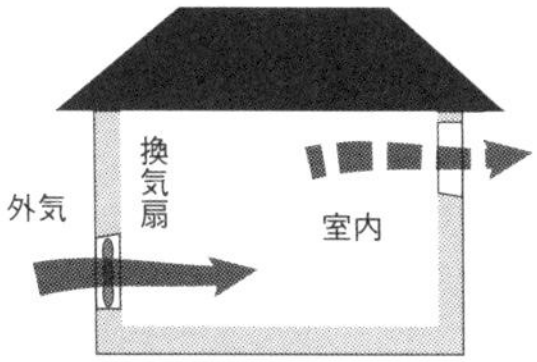

●室内が正圧になり、給気口にフィルターを組み込むことが可能なので、清浄を保つことができます。
気密性能によっては湿気が壁内へ侵入し、内部結露が懸念されるため気密性能の確保を図ることが大切です。

第３種換気

給気 ➡ 自然給気　排気 ➡ 換気扇

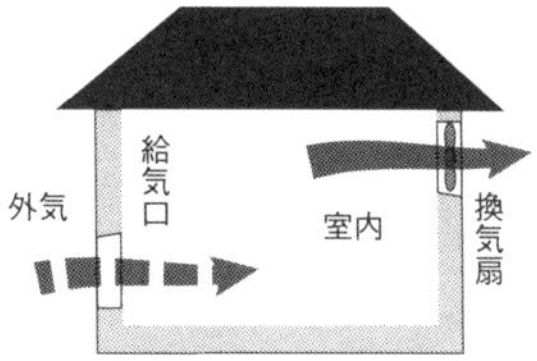

●低コストで計画換気が可能ですが、気密性が低い住宅では、計画換気が行われないので注意が必要です。

パナソニック ホールディングスHP「住まいと設備と建材　24時間換気システム 戸建住宅用」を基に作成

反対に、気密性が低い建物では、給気口があったとしてもほとんど空気が入ってきません。そうした建物では、給気側に機械を設置してファンを回す第1種換気を採用して、強制的に空気を取り込むしかありません。ただし見かけ上は給気口から空気がたくさん入っているように思えますが、そもそも家の気密性が低いため、せっかく取り込んだ空気もトイレや浴室まで流れていかず、トイレの周辺の隙間から空気が入るショートサーキットとなり、建物全体の換気とはならないのです。

一般的に、第1種換気は熱交換ができる仕組みになっています。屋外の真冬の冷気や真夏の熱気を給気し、家の中の熱を屋外へ移す仕組みです。第3種換気のように、外気をそのまま取り込む方式と比べ、第1種換気のほうが省エネで、かつ合理的だと考える人がほとんどかと思います。日本で計画換気が導入され始めた40年前は、私もそのように考えていたので、熱交換型の第1種換気を採用していました。

ところが、第1種換気では各部屋へダクトによって新鮮な空気を送るため、そのダクト内のほこりが各部屋に出てくる現象に悩むことになってしまいました。高性能フィルターでほこりの99・9%は除去できているはずですが、残りわずか0・1%のほこりが、長い年月を経てダクト内に堆積し、部屋にばらまかれてしまうのです。

その後さまざまな検証を行ってみると、空気といった軽い物質は熱を蓄える力がほとんどないため、建物といった固体を熱したり冷やしたりするようなことはできないことが分かり、第3種換気の採用に変更しました。ドライヤーの温風で、風呂を沸かすことができないことは誰でも理解できるはずです。熱を交換できるメリットであるはずの家が涼しくなる、暖かくなる、といったことには一切ならないため変更したのです。

実際に私のモデルハウスでも、第3種換気で真冬には氷点下の空気が給気口から直接室内に流れていますが、給気口からわずか10cm下の壁の表面温度はまったく冷えることもなく、室温のままだということが確認できます。熱を交換しなくても特に室内の温度に影響がないのであれば、わざわざ高価でダクトの清掃もできない第1種換気を採用することはメリットがなく、むしろ大きなデメリットであると気づいたのです。

第3種換気のほうが第1種換気に比べ、機械がシンプルなので故障のリスクが少なく済みます。第3種換気は通常モーターが1台なのに対し、第1種換気は2つ必要となるからです。給気側と排気側と両方にダクトが必要な第1種換気に比べ、排気側にしかダクトが存在しない第3種換気はイニシャルコストも抑えられます。ランニングコストも、モーターが第1種換気と比べて半分で済む第3種換気は、年間で数万円も安くなります。

第1種換気を採用してできる光熱費の削減は、関東地方で数千円とほんのわずかです。差し引きすると家計にも、環境にも第3種換気のほうが明らかに優しい方式なのです。第1種換気は屋内の湿気も屋外と建物内とで交換できるからよいのだと主張する人もいますが、実際には、高断熱・高気密住宅では屋外の湿度は屋内にはわずかにしか影響せず、同じ家族が同じような生活をしている以上、家の内部で発生する湿気が大きく影響します。冬にはエアコンや全館空調を使うと乾燥が進んでしまうため、換気の方式による違いというよりも、暖房方式を床暖房やパネルヒーターといった乾燥させない器具を選択するほうが、効果があるのです。

床暖房は居間の一部だけでなく家全体を暖める

床暖房というと居間の一部だけが暖かくなるというイメージがあるかもしれません。しかし、本来の床暖房は生活しやすくするためのツールですから、家中の床は全て床暖房にするべきだと考えています。快適に暮らせる家は室内のどこに行っても温度が一定で快適さが維持されていなければなりません。居間だけでなく、寝室も廊下もトイレも押し入れも全てです。そうするには全ての床が床暖房であるべきだということになります。

そうなると、気になるのが暖房の費用です。家中に床暖房が張り巡らされていたら、暖房費は相当な値段になるのではないかと思う人が多いと思います。

ところが、高断熱・高気密の住宅では、朝と晩に2時間程度床暖房をすることで快適さは一日中キープされます。真冬でも年中半袖素足で生活できるほど一定の室温が維持されます。そのため、電気代は24時間エアコンを稼動させる必要のある家と比較すると圧倒的に安く抑えられるのです。

エアコン暖房に比べ、温風が直接体に当たる不快感がないだけでなく、乾燥し過ぎることもありません。なによりも足元から暖かく、輻射熱で体の芯からぽかぽかする、理想の暖房なのです。

家全体を均一に暖かくする温水床暖房

私が取り入れている床暖房の方式は地熱基礎と蓄熱式温水床暖房を一体化させたものので、床面全体を基礎から暖めることで、家全体を均一に暖かくします。朝と夕方わずか2時間の稼動で、一日中暖かい家を実現できるとともに暖房費も格段に削減できるのです。床全体が暖かいことが、こんなに快適だったのかと感動すら覚えます。

地熱基礎とはいわゆるベタ基礎の一種で、床下空間を土で完全に埋め、その上に鉄筋コンクリートのスラブ（床を支える板状の鉄筋コンクリート）で覆う形状をしています。これにより床下の断熱と防湿がなされますし、床下の空間がないためシロアリの侵入もありません。寒冷地や北欧諸国では、このような基礎工法が長らく導入されています。

皆さんの身近にあるコンビニエンスストアは、駐車場や道路から階段を上って入る店はほとんどないと思います。バリアフリーで誰でも入りやすくするために、高さを抑えた基礎とするため、日本中のほとんどのコンビニの基礎も同様の工法で建築されており、特に珍しいものではありません。

図表18 地熱基礎とは

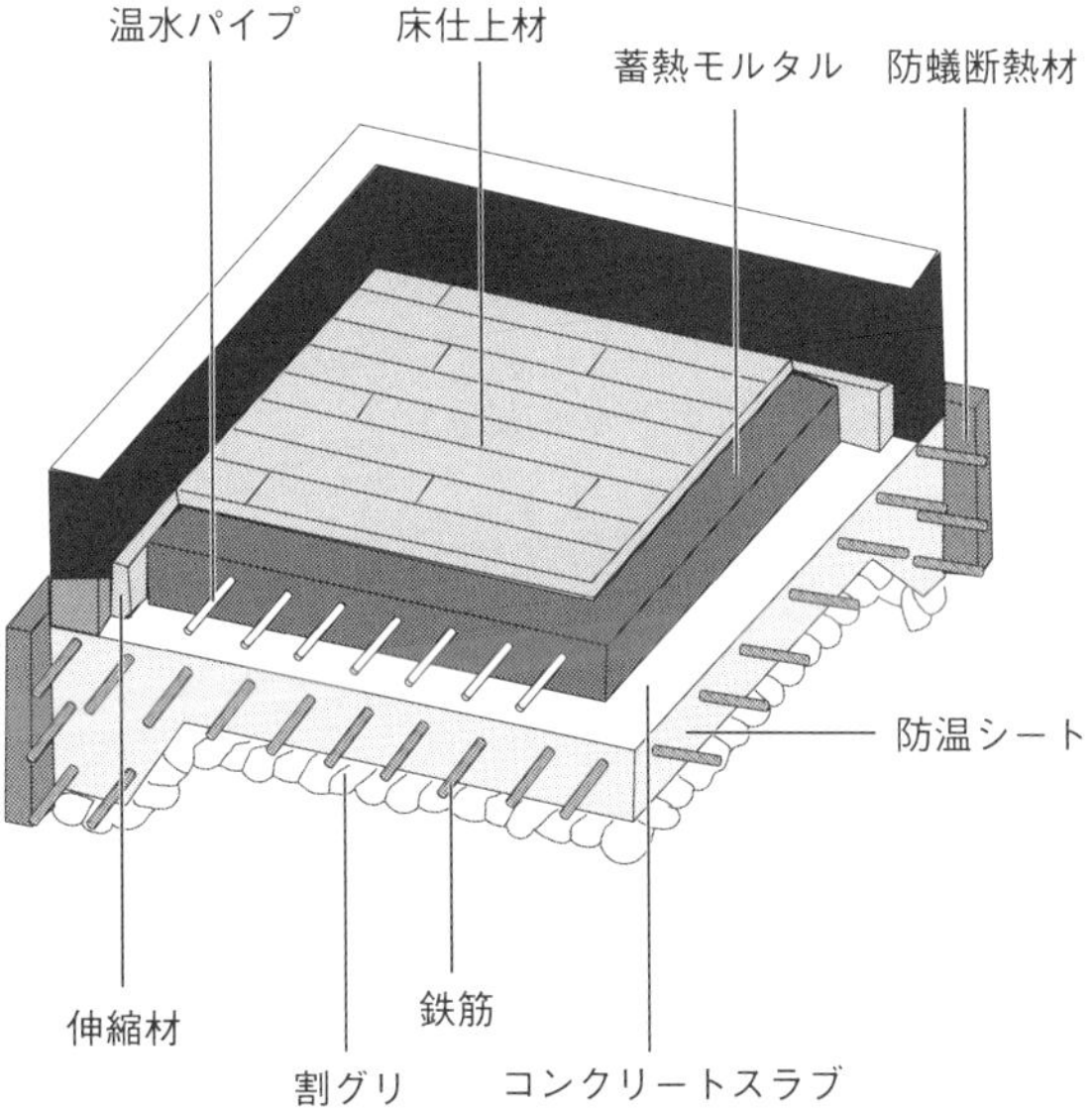

①床下がないため、防湿性に優れ、シロアリの侵入も防ぎます。
②床全面で支えるため、軟弱地盤にも適した耐震性の高い工法です。

自社HPを基に作成

蓄熱式温水床暖房のモルタル仕上げと温水配管

この基礎構造は、地盤面と基礎とが一体化するため、結果として、地震が発生しても基礎に対する回転力はほとんど作用しないので、高い耐震性があります。また、地耐力の無い地面に対してもこの基礎は有効で、建物全体の荷重が均等に分散するため、不均等な沈下も防げます。

一般に、床下空間は湿気を排除するために必要だと考えられることが多いですが、これは誤解です。地熱基礎では床下に空間が存在しないため、湿気が侵入することはありません。外部の湿気が床下に流入する現象は、主に晴天の日に外部へ湿気を放出するためのものであり、必要な機能ではありません。

特に雨の日は、建物周囲の湿度は１００％に達しますが、建物の床下には雨が降っていないため湿度は低い状態が維持されます。湿気は高いほうから低いほうへと自然に移動する性質がありますので、建物周囲の湿度が高いときには、その湿気が床下に流入します。一方、地熱基礎の場合には、床下には空間がないため湿気が侵入することはありません。

通常の木造住宅では、床の構造に木材が多く使用されています。これらの木材を乾燥させるために床下空間が設けられているのが一般的です。しかし、地熱基礎を採用

図表19　地熱基礎のメリット

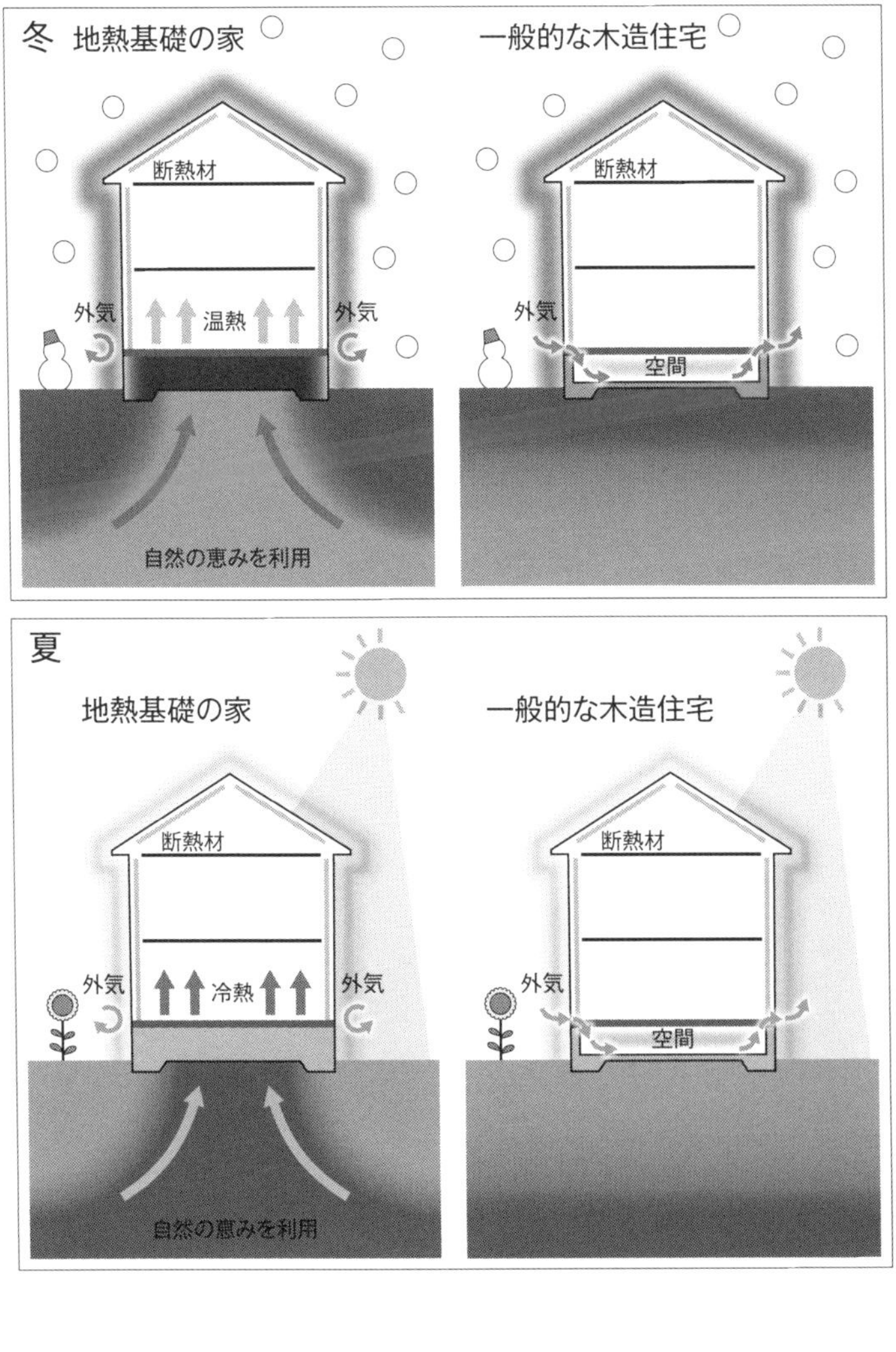

した場合、床は木造ではなく、モルタルで構成されているため、木材が湿気で腐るといった問題は起こりません。

地熱基礎と蓄熱式温水床暖房の組み合わせは、高い気密性と断熱性を備えつつ、効率的な暖房、優れた耐震性、湿気やシロアリの侵入防止といった多くの利点をもち合わせています。これらの要素が一体となることで、快適で経済的な住環境を実現することができます。

地下3ｍの深さの土の温度が年間を通じておよそ15℃と一定の温度が確保されているという特性を利用した地熱基礎は、夏には冷熱、冬には温熱が得られます。例えば夏に鍾乳洞の中に入ると、冷房が効き過ぎているように寒く感じますが、真冬には非常に暖かく感じるのと同じです。高断熱の建物がこの基礎の上に建てられると、建物自体が外気を遮るシェルターの役割を果たすので冬には地下3ｍの土とほぼ同じ15℃の温度をベースにすることが可能です。真冬での15℃というのはかなり暖かい日の日中の気温に相当し、それが何もせずに手に入るのです。それに加えて温水で床暖房をするため、省エネルギーとなります。地熱基礎を利用した家では最小限の冷暖房で、夏は涼しく冬は暖かく過ごすことができます。

一般的な家の床下は外気が流れているため、外気温と同じになります。例えば、外気温が0℃であれば、床下も同じくほぼ0℃になります。しかし、「地熱基礎＋蓄熱式温水床暖房」の仕組みでは、床下の温度は15℃程度を保ち、それをさらに温水で暖房するためはるかに効率的です。

さらに、この基礎構造は太陽熱が活用でき、いわゆるパッシブソーラーとなります。冬に太陽の高度が低くなる時期には、南面からの太陽熱を床全体が吸収し、蓄積します。一方で、夏季には太陽が高い位置にあり、南面からの建物内への直射日光はほとんど入らないため、夏の屋内への悪影響もありません。

この工法のもう一つの特長は、床下に空間が存在しないため、梅雨の時期にも建物周囲から床下への湿気の侵入がなく、また床はマンションの床と同じで腐る心配もありません。

床暖房の温水の熱源は主に地熱ですが、補完的に地熱以外の熱源を使った温水が使用されます。温水の熱源には、ガスボイラー、灯油ボイラー、大気熱ヒートポンプ、地中熱ヒートポンプの4種類から選べます。また状況によって将来、ボイラーの熱源を変えることができます。

床暖房の温水配管は高分子樹脂製で、非常に耐久性があります。紫外線にさらされなければ、耐久性は半永久的に続くのです。

運転操作も非常にシンプルです。床暖房専用のタイマーコントローラーで運転時間を設定するだけです。タイマーの設定時間は10分単位で調整可能なため、住人の生活スタイルや季節の移り変わりに応じて簡単に調整できます。キッチンやトイレ、浴室などの給水管や給湯管は床のコンクリートスラブを貫通しますが、「さや管」と呼ばれるパイプの中に実際の給水管と給湯管が入っているため、将来の管の抜き差しによる交換も簡単です。

総じて地熱基礎と蓄熱式温水床暖房との組み合わせは、自然エネルギーの利用と蓄熱による高い暖房効率、耐久性、快適さを兼ね備えています。これらが組み合わさることで、住宅の快適性が格段に向上します。

ただしこの方式は施工が非常に難しいため、それぞれの建築会社が得意とする基礎構造や、暖房方式を選択するのが賢明です。建築会社が慣れない施工を建て主が要求してうまくいかなかったとしても、それは建て主自身の責任であるからです。

エアコン暖房は一般的に部屋の上部から温風を送出する仕組みです。暖かい空気は自然に上昇する特性があるため、部屋の上部と下部で温度差が生じています。この結果、顔はほてり頭もボーっとするほど暑いのに、足元は暖かくなく何か物足りないと感じます。

一方で、「地熱基礎＋蓄熱式温水床暖房」は床から放熱するため、建物全体が均一に、そして足元から暖まります。エアコン暖房のように肌に風が当たってしまい寒く感じるということがないため、エアコンを使うよりも2～3℃低い室温でも十分快適です。言い換えれば、エアコン暖房では室温を高く設定する必要があり、その結果、室内の湿度が下がって乾燥するという悪循環が発生してしまうということです。

対照的に、床暖房やパネルヒーターは輻射暖房であるため、暖房による気流は生じません。これにより、体感温度は自然と快適なレベルに保たれます。

北海道など寒冷地域や北欧では、エアコンは暖房としてはほぼ使用されていません。あくまでもクーラーの位置づけです。その主な理由は、エアコンの熱効率が外気温で7℃以下になると著しく低下するからです。このような地域では、床暖房やパネルヒーターといった輻射暖房が必須ですし、当然ながら寒冷地ではないエリアでも快適さのために採用すべきです。

地熱基礎には、建築規制上での利点もあります。通常の住宅では、基礎の高さが地盤面から40～50㎝程度必要ですが、地熱基礎ではこれを30㎝に抑えることができます。これにより、玄関から屋外への階段の段数を減らしたり、玄関の段差も低くできたりするため、車いすでの進入も容易となります。また北側斜線などの建物の高さに関する規制もクリアしやすく、設計の自由度が高まるのも大きなメリットです。

もちろん水害リスクなどを考慮して、必要に応じて基礎の高さを高くするのも自由です。基礎の高さを低く抑えることが可能なのは、床下空間を必要としない工法だからなのです。

私が採用する「地熱基礎＋蓄熱式温水床暖房」は、エアコンに比べて多くの面で優れています。特に、エネルギー効率、快適性、建築設計の柔軟性といった点で大きなメリットがあります。ただなぜこうした方式があまり普及していないのかというと、施工に特別な技術と経験をもつ職人が必要であるからです。

断熱材や断熱性能の数値は参考にならない

日本の住宅が寒いのは気候条件だけではなく、実は家づくりにそれほど断熱性能が求められていないからだと感じます。

夏季の暑さを風通しのみでどうにかしのぐための家づくりが優先されてきた結果、冬に寒さを防ぐ断熱の重要性がおろそかにされてきたのではないかと思います。「U_A値」や「Q値」といった断熱性能を表す数値は、断熱材を高性能化したり、厚みを増したりすれば計算上は良い数値となりますが、実際の施工の優劣を加味することはできないため、参考にすらならないのが実情です。本当に断熱性に優れているのであれば、冷暖房の負荷が少なくなるはずなのに、そうはなっておらず、「冷暖房にひたすら頼る家」が多いのを私は憂えています。断熱性能の差は、計算値ではなくモデルハウスの冷暖房の室外機の数や動きを見れば一目瞭然です。

断熱材の種類を気にする建て主もいますが、私は完璧な断熱施工さえできればどのような種類の断熱材を使ってもいいと考えています。

木造の断熱の工法には、構造体を外側から覆う外張り断熱と、柱などの間に断熱材を詰めていく充填断熱があります。日本で多い木造住宅に適しているのは充填断熱工法で、熱伝導率が低い乾燥した木材が外気の影響を遮り、加えて断熱材を柱材の間に詰めることで、より高い断熱性を得られるのです。ただ、いくら性能が良い断熱材を使っても施工が完璧でなければ断熱材同士や枠組との間にほんのわずかな隙間ができてしまい、十分な断熱性が確保できません。壁の中には電気の配線や筋交い周辺など複雑で細かい隙間ができていて、こうしたところにも根気よく断熱材を詰めていく必要があります。熟練の職人がコツコツと細かい施工を積み重ね、隙間なく断熱材が詰められた家になれば、熱が外から入り込むこともなく、内側からも暖房や冷房の効果が外に逃げ出すことはありません。つまり高度な施工さえできればどのような断熱材でも屋内の温度は一定に保てるのです。

一方、RC造（鉄筋コンクリート造）の場合は外張り断熱のほうが適しています。コンクリート自体が熱を蓄えてしまうので、エアコンの冷気や暖房の熱を上回るような熱気や寒気が壁から室内に伝わり、快適な温度を保つことが難しくなってしまいます。

ツーバイフォー（2×4）工法は気密性能が高い

日本の家づくりの主流は木造住宅で、国内の一戸建て住宅の8割を占めています。

実は鉄骨造やＲＣ造よりも断熱性に優れているのが木造住宅です。

木材は鉄骨など金属に比べて熱伝導率が低く、壁や柱自体が外の暑さや寒さを屋内に侵入させることはありません。炎天下にさらされている木材が触ることができないほど熱くなっていることはないということは誰でも経験的に理解できるかと思います。木材は鉄骨に比べ１４００倍も熱を通しにくく、まさしく自然の断熱材です。

一方で鉄材は熱伝導率が高いため、鉄骨造では鉄骨自体が夏なら高熱になり、冬なら氷のように冷たくなって、室内を熱したり冷やしたりしてしまいます。ＲＣ造もコンクリート自体が熱や冷たさを蓄えてしまうので、断熱の観点では優れているとはいえません。

木造住宅のなかで一般的な在来（軸組）工法のほかに、ツーバイフォー（２×４）工法と呼ばれる枠組壁工法があります。北米発祥の世界中に普及している工法で、柱や梁を使わず、天井、壁、床といった構造体を箱のようにして組み立て、面（壁）で支えて強度を保つ構造が特徴です。耐震性に優れるのは阪神・淡路大震災などの大きな地震でも倒壊した家屋の率が低かったことからも証明されていますが、実は在来工法に比べてツーバイフォー工法の家は断熱性や気密性にも優れているのです。

柱や梁がなく、面と面を組み合わせて造るため、構造体の内部に隙間ができにくいのがツーバイフォー工法なのです。このため家自体に高い気密性をもたせることができ、在来工法のように柱や筋交いなどでできる細かく複雑な形状の隙間がなく、簡単な作業で断熱材を適切に壁面に詰めていくことができます。木材の断熱性能とも相まって、高度な断熱住宅をつくることができるのがツーバイフォー工法といえます。そのほかにも、壁の中が細かく密封される構造で火災時に延焼しにくいため、多くの火災保険では保険料が木造住宅の半額となるのも大きなメリットです。

駐車スペースの必要性

せっかく注文住宅を建てるのであれば、できるだけ多くの駐車スペースを確保したいと考える人は多くいます。ただし、詳しく話を聞くと、この希望にはたまに訪れるゲスト用のスペースが含まれていることが少なくありません。土地の面積は決して広いわけではないので、駐車スペースは本当に必要な車の数だけにすべきです。土地が広い場合は別として、住居のスペースを犠牲にしてまでゲスト用の駐車場を設けるのは勧められません。そのスペースは、ほかの居住空間に振り分けることができます。

さらに、狭小地など敷地面積が限定されている場合では、駐車スペースの確保自体を見送り、代わりに近隣の駐車場を借りるという選択も考慮に入れるべきです。

土地の広さには限りがあるため、どれだけの駐車スペースが実際に必要か、その最低限を明確にすることがとても重要です。

玄関の優先順位は低めに設定する

玄関は日常で過ごす時間が非常に少ないスペースです。そのためにほかの重要な空間を犠牲にするのはおすすめではありません。玄関の配置は家全体の設計で優先度を下げるべきです。

特に日当たりの良い位置に玄関を配置するのはもったいないです。そうした位置には、一日の大半を過ごすリビングやキッチンなどを優先的に配置したいものです。

道路から見て建物の真裏に配置するなど、出入りが不便であったり、来客が玄関を探せなかったりする位置への計画はさすがにできませんが、あくまでも大事な居住空間を優先させて計画することが大切です。

耐震強度と吹抜け

美しい見た目と開放感が魅力的な吹抜けは、建て主から比較的多く寄せられる要望の一つです。しかし、そこには少なからずデメリットが存在することも忘れてはいけません。

デメリットの一つ目は、耐震面での欠点となることです。構造計算を行うことにより、法律上、計算上は特に欠陥とはみなさないのですが、やはりあるのとないのとでは、大きな違いがあることは、建築士であれば誰でも理解していることです。耐震性を気にしている人からの要望の場合、つい「耐震性は気にしないのですか？」と聞いてしまうことがよくあります。

デメリットの二つ目は、「部屋が暗くなる」ことです。こう話すと、「そんなことはない、上の階からの太陽の光が下の階の部屋に届くのだから明るい」と反論されそうですが、「下の階にある部屋は、昼は明るくなるが、夜は暗くなる」ということです。日中、明るくなるのは確かですが、夜は照明の光が天井で反射されず、吹抜け部分がいわゆる奈落の底のように暗い空間となってしまいます。一日の半分は夜なのですから、「吹抜けがあると明るい」と考えるのは正しくありません。「明るい時間と暗い時間がある」ので、希望するならそのことも加味します。

デメリットの三つ目は、上下階の音が拡大されて伝わることです。上階と下階はつながっているので、音が聞こえるのは分かっていることとは思いますが、音はメガホンと同じで上階では倍増されて聞こえてしまうことに注意が必要です。開放感とデメリットとをよく比較、検討して吹抜けが必要かどうかを決めるべきです。

屋上は諦めるべき

家に屋上を設置することに憧れる人もいます。屋上が魅力的に思えるのは理解できなくはないのですが、これも大きなデメリットがあります。デメリットの一つ目は、「屋根」という空間が存在していないので真夏に屋上の下の階が非常に暑くなることです。真夏の太陽はほぼ垂直に屋上に降り注ぎ、断熱材を高温に熱してしまいます。屋根があれば、外気を通したり、屋根上部から熱気を逃がしたりする仕組みにできるのに対して、屋上ではそれができません。

また屋上は、いわば「建物の上にプールを造る」のに似て、屋根とは違い雨は一気に流れ落ちるのではなく滞留する時間が長くなります。そうなると雨漏りの危険性が通常の斜めの屋根よりも高まります。また防水処置は一定の年数で劣化するため、メンテナンスの必要もあります。通常の屋根には必要のない、リスクとコストが必要となるのです。

主要な生活空間の確保が最優先事項

土地の面積や予算には限りがあります。そのなかで、最も優先すべきは「主要な生活空間」という、いわゆる「王様ゾーン」を最適化することです。王様ゾーンを確保したうえで余裕があって初めてゲストルームなどの追加空間を考慮するべきです。

一般に日本の家庭では和室をゲストルームとして確保したがる傾向があります。この和室は、通常、1階の玄関近くやリビングの隣に設計されることが多いです。リビングとつなげたり、個室として利用できたりと一見すると便利に思えます。まず私は、そうした要望を聞いた場合、「1年間に、何回宿泊する人が来られますか?」と質問します。そうすると多くの場合、「あっても1回とか数回かな」と言われます。

めったにない、ましてや宿泊客のためにスペースを確保しておいても、そのスペースが実際にはほぼ使われないことが多いです。それよりもリビングなど、本当に必要で、毎日使用する空間を広く確保すべきだと思います。

よくある要望に、1階に客間として和室を設け、将来2階に上がれないほど年をとったら、そこを寝室にしたい、というものがあります。遠い将来に、2階にも上がれない状態で自宅で暮らすことが可能なのか、という疑問はさておいたとしても、それよりもリビングを広めに確保できていれば、将来、万が一の場合にはそのリビングの一角を仕切って介護室に改造することも可能です。間取りを考えるときには、「万が一、「遠い将来」を見据えることも大事ですが、少なくとも、「建築してすぐ利用し、いつも利用する空間」の充実こそが最優先されるべきだと考えます。

平屋こそコストをよく考える

土地が十分広い場合、平屋（一階建て）の家は理想的な選択肢です。家の中に階段がなく、上下階の移動がないので、土地さえ広ければ大いに魅力的です。

ただし、同じ延べ床面積同士で比較した場合には若干多くコストが必要となります。

具体的には、例えば1階15坪、2階15坪の合計30坪の総2階の家（以下、建物A）と、30坪の平屋（以下、建物B）とを比較すると、建物Aでは基礎と屋根の面積が15

坪で済むのに対して、建物Bでは基礎と屋根の面積がそれぞれ30坪分必要です。この基礎と屋根の面積の差がコストに反映されるので、その分は割高となります。

建築予算に余裕があれば平屋でもよいのですが、少しでも建築費を抑えたい場合には、何かの部屋やスペースを2階に配置することができないかを検討してみるのがよいです。例えば納戸とか、客間とか、場合によっては寝室や書斎なども、絶対に1階に配置が必要なのかどうか、2階に配置しても大きな支障はなさそうか、よく考える必要があります。

土地選びの際には最適な間取りを考慮する

理想の間取りを実現するためには、慎重な土地の選定が不可欠です。土地を所有していない場合は最初に地元の不動産業者に依頼しますが、予算に合い気に入った土地を見つけたとしても、正式な契約の前に、建築の専門家に相談するのがよいです。

確かに、不動産業者は駅の近さや近隣のスーパーマーケット、日当たりなどの詳細な情報を提供してくれます。しかし、日当たりなどを考慮してどういう間取りで設計できるのかとか、その土地固有の特殊な建築費用が発生しないかといった、住宅を建てるための専門的なアドバイスは得意としていないことが多いです。

私は今まで土地選びについて多くの相談を受けてきましたが、そのなかの1割程度のケースで、その土地の購入はやめたほうがよいと言わざるを得ないことがありました。とにかく信頼できる設計者に、土地の契約前に相談することが大切です。建築の相談時点ですでに土地を契約してしまっていたという場合は、もう後戻りはできないので、その場合には私はその土地をいい土地だとほめることしかできないのです。

土地選びの段階で建築の専門家に相談することで、のちに生じるであろうさまざまな問題や特殊な追加費用を未然に防ぐことは可能です。土地選びは単なる最初のステップではなく、のちの建築計画全体に影響を及ぼす重要な要素であり、慎重な計画と専門家の助言が必要なのです。

土地選びでは、いくつか気をつけなければいけない点があります。一つ目は、その土地と前面道路や隣地との間に高低差がある土地では、建物の基礎を安定した地盤まで深く入れる必要があったり、擁壁の設置が必要となったりするケースがあるのです。この擁壁は、土砂や建物の荷重をしっかり支えられるものでなければなりません。特に高さ2mを超える擁壁の築造では、建築確認申請や完了検査を受けることが必要です。建築時期が古い既存の擁壁の場合、たとえ築造したときには強固なものであったとしても、時間とともに劣化していくので、現時点だけでなく遠い将来にわたって安全なものでなければなりません。また道路と高低差がある場合には、日常の出入りに階段の上り下りが発生するなど、日々の生活が不便になります。

土地選びで気をつける点としてはほかにも、前面の道路の幅が極端に狭い土地も避けるべきです。建築工事中に資材の搬入が難しくなるため、運搬費が別途加算されることもあります。最低限乗用車が普通に通行でき、敷地に横付けできるかどうかが目安となります。

また土地選びで日当たりの良さばかり重視し過ぎてしまうと、ほかの多くの重要な要素を見過ごす可能性があります。南側が道路に面する土地は日当たりが良いため、選択の条件に挙げる人は多いですが、これにはデメリットもあります。例えば南に道路がある土地では、玄関も南向きになることが多く、その分だけ主要な居住スペースの南に面する割合が少なくなってしまうケースがあるのです。また南に道路があれば、当然リビングの前を頻繁に通行人や自動車の往来があるため、どうしてもプライバシーを保ちにくいといったことになる場合もあります。

北側が道路に面する土地は選択肢から外されがちですが、実はメリットが数多くあります。それは、玄関を道路に近い建物北側に配置でき、建物南側には主要な居室をずらりと並べるレイアウトが取りやすいという点です。

また敷地の南側、庭の先には隣家が存在することにはなるものの、その隣家の建物の北側、つまり自分の建てる建物に面する位置には通常は居室が配置されることは少なく、トイレや浴室、納戸や廊下といった滞在時間の限られた部屋が多く配置されます。窓があったとしても、それらの部屋で使用されるガラスは、曇りガラスなどこちらをのぞき見るようなものではないことが多いのです。これはリビングや庭などの空間が、通行人や隣家から見られにくくプライバシーを保ちやすい空間となることを意味します。北道路の敷地のメリットはほかにも、北側斜線や高度地区斜線といった規制が緩和されるといった点も挙げられます。これは設計の自由度や規制を受ける悪影響を最小限に抑えることができるので、非常にありがたいメリットです。

日当たりは土地選びの要素としては重要ではありますが、「日当たりが良いから冬に暖かい家になる」わけではありません。どんなに日当たりが良い土地でも曇りの日や雨、雪の日に日は射さないですし北側の部屋は快晴の日でも日当たりは悪く、そもそも冬の一日の半分以上は夜なのですから、南側の部屋であっても夜は日当たりはゼロです。「日が当たると暖かくなる家」は欠陥住宅であり「日当たりとは無関係に暖かい家」さえ建てれば、そこまで重要な条件とはならないのです。明るいに越したことはありませんが、「日当たりが悪い家は寒い」という先入観は捨てるべきです。日当たりという条件の優先順位を下げると、土地の選択肢が格段に増えますし、土地の価格も安価に抑えることが可能です。その費用を建築費に回すことによって、建物を広げたり、希望のキッチンや外壁などを選択できたりするようになるのです。

土地選びの条件の一つに、地盤の良し悪しを挙げる人もいます。また「地盤は大事だから、建築計画の初めに地盤の強さをまず測定しましょう」と何も決まっていない段階で地盤調査を勧めてくる建築業者もあります。しかし気にし過ぎる必要はないと思います。

確かに地盤の強度が弱ければ、地盤改良工事が発生し、その費用が必要となってしまうケースはあります。しかしその費用は家づくり全体からみればそれほど大きな割合を占めることはないため、土地を購入する、しないの決定に際して考慮する必要はあまりありません。一般的に地盤改良の費用は通常であれば平均100万円程度とされていますし、弱い地盤でそれ以上に高額な地盤改良の工事費用が必要となるような土地であれば、その周辺、町全体の地盤が弱いなどの情報を事前に比較的簡単に得ることが可能です。

建築会社のなかには、建物の請負契約前や、さらには間取りも何も決まっていない初期段階で地盤調査を勧めてくることもありますが、これはその時点では行う必要はないと思います。なぜなら、建物の形状や敷地内での建物の配置が確定したあとに、結局は再度地盤調査が必要となってしまい、結果も変わってくるからです。

よほど周囲の地盤が悪いなどでない限り、一般的には地盤調査は、建築を依頼する業者を決定し、建物の設計や、敷地内での建物の配置が確定したあとに行えばよいと思います。

土地を探していると、「建築条件付き土地」という土地に多く出会います。その周辺の相場よりも安く、一見して魅力を感じることもあるかもしれません。ところがその土地を購入しても、好きな建築会社で自由に注文住宅を建てることはできません。こうした土地では、土地購入と同時に特定の建築会社によって家を建てることが条件となっているのです。「建売住宅」の順番が逆で、「売建住宅」とも呼ばれています。

販売会社は土地を買ってもらえれば確実に家を建ててもらえるため、土地の値段には最低限の利益しか乗せておらず、相場よりも土地代が安くなっているのです。

古い家がそのまま残っている土地も一見敬遠されがちです。古家付きの土地は、ボロボロの家がくたびれた状態で残っていたり、古い樹木がうっそうと生い茂っていたり、塀が朽ちているなど印象が良くないためです。しかし、これらの要素は解体してしまえばきれいな土地になります。30坪程度の木造家屋の解体費用は２００万円程度が相場です。そのくらいの費用は土地の値引き交渉ができる可能性もあり、更地での引き渡しを条件にしてもらえる場合もあります。

最終的に、土地選びにあたっては信頼できる建築士の意見を聞くことが重要です。一見魅力的でないかもしれない土地も専門家が見れば、非常に魅力的に見えてくる可能性があるのです。

屋根は天然石付きガルバリウム鋼板を選ぶ

屋根の素材は、主に粘土系、セメント系（例：厚形スレート瓦、コンクリート瓦）、スレート系（化粧スレート、天然スレート）、そして金属系（ガルバリウム、銅板、トタン）の4つに大別されます。

伝統的な瓦は、日本古来の代表的な屋根材です。しかし、ほかの素材に比べその重さが欠点とされます。一般的な一戸建ての家では屋根全体で5～6tもの重量があるため、重心が高くなり地震による揺れに対して脆弱です。また意外に思われるかもしれませんが暴風に弱く、飛ばされる心配もあります。大きな地震で瓦がずれて落下したり、台風によって飛ばされたりしている映像を観たことがあると思います。

ここ数十年で最も普及している住宅の屋根材がスレートです。

スレートはセメントに繊維を加えて補強された薄板です。市場では「カラーベスト」や「コロニアル」といった商品名でも知られています。この素材は高い防火性と断熱性があり、1・5～2tと軽量なので、耐震面でも優れています。日本国内で最も広く使用されている屋根素材であるため、ほとんどの建設業者が簡単に取り扱えるという利点もあります。一般的なスレートは10年ごとに再塗装のメンテナンスが必要ですが、高耐久のタイプだと30年程度の間、再塗装が不要なものがあるので、そちらがおすすめです。しかしその一方で、デザインには多様性がなく、面白みに欠けるとされています。

そのほかに、「金属系屋根材」のなかで、ガルバリウム鋼板（アルミニウムと亜鉛の合金をメッキした鋼板）は、耐久性と軽量であるという特長があります。この素材にセラミックコーティングを施し、天然石のストーンチップを付け加えることで、その品質はさらに一段と向上します。天然石付きのガルバリウム鋼板は、極めて高いレベルの耐震性、耐久性、断熱性、耐風性、耐落雪性、遮音性、そしてノーメンテナンスという特長を持っています。ちなみに天然石が付いていないガルバリウム鋼板単体の屋根材も存在しますが、石付きのものに比べると、雨音が気になることと積雪時には屋根から雪が落ちやすいため私はおすすめせず、石付きを強くすすめています。

建築物の最上部に設置される屋根が軽量であればあるほど、その耐震性は高まります。上部が重いと、建物の重心が高くなってしまい、構造的に不安定になるためです。この石付きのガルバリウム鋼板は、通常サイズの住宅でわずか0・7ｔの重量であり、瓦の重さが5ｔで、軽量とされるスレートの2ｔと比べてもその軽さが際立っています。

この高性能の屋根材は、厳しい気候条件であるサウジアラビアやシベリアをはじめ、欧米諸国でも広く用いられて世界的に人気があります。また通常の屋根材には必ず設置される「雪止め」というパーツを付ける必要がないのも、特長の一つです。北海道

metrotile 社 Viksen

での積雪試験でもストーンチップの摩擦作用により、45度の傾斜の屋根に積もった雪（最大90cm）が、「雪止め」なしで春になり解けてなくなるまで落ちなかったのです。都市部では落下する雪が近隣の車や植木に被害を与えるケースが多いため、この特性は非常に価値があります。また「雪止め」も美観上ないほうがすっきりとします。

そして最後に、天然石ストーンチップが焼き付けられている理由についてですが、それは色の持続性を高めるためです。天然石は自然物なので、色褪せすることがありません。石なので再塗装という概念がありません。

商品名としては「Viksen（ヴィクセン）」が市場で広く受け入れられています。「Viksen」はベルギーのmetrotile（メトロタイル）社が製造し、その繊細なグラデーションカラーで上品な印象を与えます。色落ちがなく再塗装などのメンテナンスが要らないという、まさにおすすめの屋根材です。

外装材は長期間にわたって劣化しない天然石がよい

外装材は建物の顔ともいえます。見た目をきれいに装飾するだけでなく、住居をさまざまな天候から守るという重要な役割も担っています。外装材にはサイディングから天然石、レンガ、タイル、スタッコ、そしてALCまで多くの種類が存在します。

サイディングは現代の住宅でよく見かける外装材です。歩いていると、街の住宅で最も頻繁に目にします。セメントと繊維が主成分で、ボード形状に形成されているため施工しやすいことと、かつてのモルタルリシン仕上げのようなひび割れの発生が少なく、メンテナンスの回数が比較的少ないことが理由かと思います。さらに、そのデザインの多様性が多くの人の好みに合うことも理由として挙げられます。レンガ風、タイル風、塗り壁風、木目調といったさまざまなデザインがラインアップされており、手頃な価格で高いコストパフォーマンスを発揮します。

サイディングの耐久性は一昔前より進化し、近年では耐久性が格段に向上しています。高耐久のセラミック塗装により、30年以上再塗装が不要という長寿命の商品や、さらには光触媒によるセルフクリーニング機能も備わった商品が特におすすめです。

もちろんなかにはサイディングの質感が好きではないという建て主もいます。工業製品特有の雰囲気や、パネルの接続部分に目地（シーリング）のような本物のレンガやタイルに存在しない箇所ができるため好きではないという人もいます。また目地のメンテナンスが気になるという人もいます。目地のメンテナンスに対しては、以前は10年ごとに必要だった「シーリング材」の打ち換えが30年もしくは40年も不要のタイプが出ています。かつて多くの住宅でモルタル下地にリシン吹付けをした外壁を使っていた時代には、10年に一度はメンテナンスが必要でしたが、今時の住宅では30年に一度程度でよく、ほぼメンテナンスフリーの時代となりました。これはおおいに喜ばしいことです。

ハニーストーン

サイディングのような工業製品と一線を画す素材が天然石です。例えばイギリスのコッツウォルズ地方で採取される、「ハニーストーン（蜂蜜色の石）」と呼ばれる天然石です。色褪せやその他の劣化の問題がなく、自然の岩石ですから再塗装などのメンテナンスは一切必要ありません。発掘した岩石そのものを使うため、時には三葉虫や古代の植物などの化石も交じっており、悠久の時の流れの延長に自身の建物が存在している、不思議な感覚にもなります。私がこの石を初めて見たとき、その控えめで上品な色合いと、石ごとに異なる表情の美しさに深く感銘を受けました。確かに、この種の天然石は外壁材としては高価ではありますが、その圧倒的な存在感と満足感は長い年数が経っても変わりません。コッツウォルズ地方の伝統的な建築には、このハニーストーンが外壁や屋根に使用されており、この地域の美しい建築風景は世界中から観光客を引きつけています。

年数が経過し、風雨にさらされ多少の汚れをまとっても、「汚れている」とは言わず、むしろ「味が出てきた」というようにその魅力が高まるのも、ほかの外装材にはない特長です。

もう一つ、天然石に匹敵するほどの魅力的な外装材に「レンガ」があります。粘土や頁岩からなるレンガは窯で焼かれることで堅牢性を確保します。特に海外から輸入されるレンガには、その国の建築の歴史が反映されていて、長く眺めていても飽きさせません。

なかでもベルギー産のレンガは豊かな表情が特徴で、一つとして同じものがなく味わい深いものです。過去にはモルタルを用いた湿式での貼り付けが一般的でしたが、最近では乾式と呼ばれる施工方法が主流となっています。これは、ガイドレールに3枚にスライスしたレンガを嵌め込む形で、最後に目地を詰めるというものです。この乾式工法は、地震や時間の経過によるレンガの落下のリスクを大幅に削減します。

高価ながらも耐久性は極めて高く、再塗装も不要です。そのため長期的に考えると、レンガは非常にコストパフォーマンスの良い選択といえます。建物の外壁全面をレンガで覆うのがコスト面で難しい場合も、部分的に使用することでコストを抑えつつ、外観を格段に引き立てることが可能です。

粘土や石英、陶土などからつくられる「タイル」は、高い温度で焼き上げられています。製造過程はレンガとよく似ており、非常に高い耐候性や防火性を誇ります。さらに化学薬品に対しても強い耐性があるため、多くの人々から支持されています。さまざまな種類や色調があり、非常に高級な仕上がりとなります。そのほかに、「スタッコ」という外装材は、コテ塗りや吹付けなどの手法を用いた仕上げ方法であり、アメリカ製のSTUC-O-FLEXなどが有名です。この素材は弾性があり、建物の経年による壁のわずかな反りなど変形に対して追随できるので、裂けやひび割れが起きにくく、高圧洗浄でもその品質を維持できるという特性があります。さらには防水性や通気性も備えており、光触媒によってカビや藻の発生を抑制します。コテやローラーなどでさまざまな表情を出すことができ、外装はもちろん内装仕上げにも利用されます。

「ALC」（軽量気泡コンクリート）は重量が通常のコンクリートの約4分の1でありながら、高い耐久性をもつ素材で、へーベルハウスの外装に使用されるものと同種である旭化成の「パワーボード」という製品です。ただし、水を吸いやすい性質があり、撥水剤の塗布といったメンテナンスが必要です。きちんとした施工を行わないと、冷え込みが厳しく気温が低くなると内部に吸水された水分が凍結して割れてしまうため注意が必要です。また断熱性があると言われることもありますが、一般的な断熱材と比べると非常に性能が低いため、あくまでも断熱はその他の材料で確保したうえでの「外部の仕上げ材」だと認識すべきです。

それぞれの素材は長所と短所をもち、外観の好みやメンテナンスに対する考え方、また建築予算によって最適な選択が異なります。

ただ私が思うには、外装材の価格はもともとある程度高価であるうえに材によってその金額が大きく異なるため、計画の初めに決めることは避け、建物の規模や設備などの希望を満たしたあとで、それでも余力があって初めて高価な材を選択するようにするのがよいです。外装材で何百万円も高いものを先に決めると、その他の数万円の希望を何十と諦めなければならなくなってしまうからです。

熱の出入りをさせないサッシを選択する

家を建てる際に忘れてはならないポイントの一つが、窓の選び方です。多くの人が窓をサッシと同義語として使用することが一般的ですが、厳密には、サッシは窓のフレームにあたり、それにガラスをセットしたもの全体が窓と呼ばれます。

窓が占める面積は、外壁や屋根に比べて少ないですが、その影響力は侮れません。なぜなら、窓からは冬季に建物の熱量の約3分の1から3分の2が逃げる可能性があるからです。反対に、夏には熱が侵入してしまうのです。このように、窓の選び方は断熱性能に大きく影響するので重要です。

多くの家庭で見られるアルミ製のサッシは、価格が手頃で大量生産も容易という利点があります。しかし、熱の伝導率は、樹脂や木材に比べて極端に高い数値を示します。例えば、アルミは木に対して2000倍、樹脂に対して1000倍の熱を伝導する性質があります。これは、結露の原因にもなり、断熱性能の面で不適切な選択です。

誰もがフライパンの柄が木製だと熱くならないことは分かると思います。木製や樹脂製のサッシが多くの国で主流であり、日本でも最近急速に普及し始めています。また、アルミと樹脂の複合サッシという製品があり、カタログ数値上は良い性能ではあっても実際に使用してみるとやはり断熱性能的には物足りなさを感じます。

窓ガラスをどれにするかも重要です。断熱性や遮音性、紫外線カット機能など、多様なニーズに応えられる製品が存在します。

窓選びは、素材や機能に注目して選択をしたいものですが、基本的には設計者と相談しながら行います。同等の機能であれば、その建築会社でいつも使用しているメーカーや商品のなかで選ぶほうが、施工に慣れているのでミスや雨漏りなどのトラブルが起きにくくなるからです。

窓ガラスは、住まいの断熱性に大きな影響があります。ガラスが二重の「ペアガラス」と三重の「トリプルガラス」がありますが、単純に枚数が多いほうがよいというわけではありません。ガラスの性能は枚数だけでなく、そのほかにも多くの要素が影響します。

ガラスの間にある空間を中空層と称し、通常この部分には乾燥した空気が封じ込められています。さらに、熱を30％も伝えにくいアルゴンガスや60％も伝えにくいクリプトンガスが充填された製品もあります。ガスが入っていると説明すると、「ガスが抜けないのか」と質問されることがあります。確かにガスは年月とともに少しずつ抜けてはいくのですが、その割合は年にわずか1％ほどであり、30年後でもまだ70％も残り、その分効果を発揮し続けるわけですから、ガスなしの商品を選択する意味はありません。

また、高性能ガラスとはLow-E（低放射）ガラスと呼ばれるものです。これはガラス表面に金属膜をコーティングしており、断熱性能の向上だけでなく、紫外線の侵入を阻止し、家具やカーテンなどインテリアの劣化を防ぐ効果もあります。トリプルガラスのなかには、両面にLow-Eガラスを使用しているダブルLow-Eガラスというものがあり、日射遮蔽性と断熱性が最高のガラスです。

ガラスにはニュートラル、ブルー、ブロンズなどの色があり、色によって断熱性、日射熱取得率、紫外線遮断率などの性能がそれぞれ異なります。サッシに使うガラスにはこのように多様な選択肢があるため、窓ガラスの選定は建て主が行うことは難しく、豊富な経験をもつ専門家に相談することをおすすめします。

住まいの窓を選ぶには次のような要素を考慮します。

●素材選び

窓のフレームは、世界的にも樹脂製と木製の2種類に分けられます。どちらがよいのか、どうして一つに限定できないのか、と思われるかもしれませんが、国ごとに資源の入手のしやすさや、歴史的な背景、技術的な観点から、欧米でも国ごとに木製、樹脂製の商品のシェアがまったく異なっているのです。アルミ以外ならどちらでもよいと思います。ただし、木製サッシのメンテナンスが負担だと考える場合には、樹脂製のサッシが良いです。

●窓の方位や設置位置とガラスのタイプ

南向きの窓には「日射取得型ガラス」を採用し、日射熱を効率よく取り込みます。

理由としては、冬は南面の日照時間が長く、太陽高度が低いため、建物の奥まで射し込む日射を積極的に利用できるからです。また夏に日射がないか心配かもしれませんが、夏の日照時間は南面よりも北面のほうが長く、太陽高度が高いためほとんど南の窓から日射はないので、悪影響はありません。

一方で、北、東、西側の窓には「日射遮蔽型ガラス」を使い、日射を抑制しつつ断熱性も高めます。夏の太陽は、北東から昇り、北西に沈みます。夕方の暑さが厳しい「西日」と呼ぶのは北西からの日射しで、北面にも日射を遮るタイプのガラスを設けることが大切です。日射遮蔽といっても、断熱性がいちばん高いガラスなので冬に日が入らなくて寒いといったことはありません。

●性能指標

ガラスの熱貫流率は0・6W／㎡・K以下で、窓全体（フレームとガラス）の熱貫流率も1・5W／㎡・K以下、可能であれば1・0W／㎡・K以下の製品が望ましいです。

●防火対応

市街地は主に「防火地域」「準防火地域」「防火指定なし」の3つのエリアに区分されています。そのうち「防火地域」「準防火地域」の2つのエリアで建築を行う場合、建物の中の一定の部位には防火基準をクリアした窓を設置することが定められています。例えば東京23区内では、ほぼ100％に近いエリアがこれに該当します。それ以外の地域でも駅や繁華街などを中心に、近いエリアから順に「防火」「準防火」「防火なし」と指定されることが多いです。建築する土地が防火の規制エリアであった場合、建物の一定の部位に使用可能な窓は防火対応のものとなります。これは、一部ではなく建物の窓全てとなる場合もあります。ここで使用可能となる窓は、防火対応の窓となります。国内の樹脂サッシでは、YKK AP社とエクセルシャノン社から発売されています。防火でない窓に比べ、価格はかなり高く、断熱性能などは若干落ちるのですが、こればかりはどうしようもありません。窓を選ぶときには、断熱性能、デザイン、開き方など使い勝手、サイズなどの比較も大切です。私がよく採用している、もしくはかつてよく採用していた窓は次のようなものがあります。

図表20　トリプルガラス樹脂サッシの構造（YKK AP APW430）

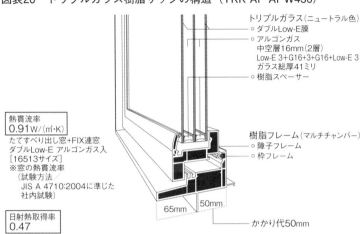

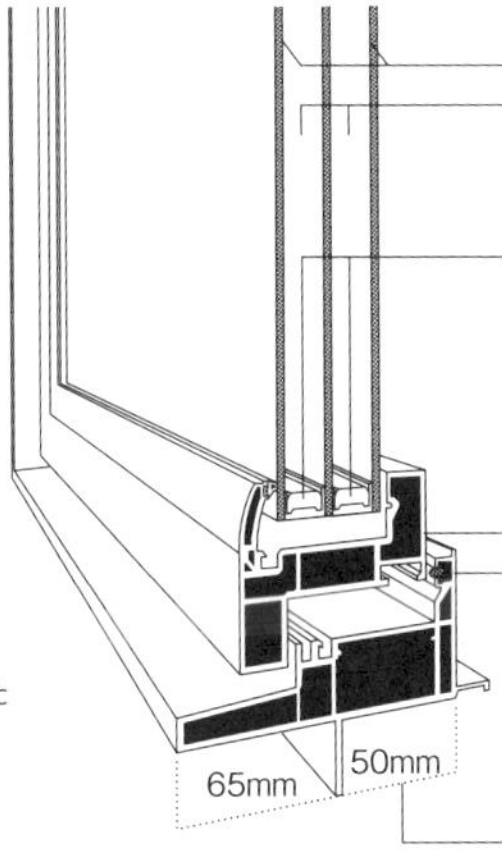

1 YKK AP社：「APW430シリーズ」

この製品は、世界最先端レベルの性能の高い窓です。樹脂製のサッシにトリプルガラス、さらには中空層16㎜を備え、ガス封入もアルゴンまたはクリプトンが選べます。日射熱を取り入れたり、遮蔽したりするガラスタイプ（ダブルLow-E／シングルLow-E）も選べるため、同じ建物でも場所や方位によりガラス構成を柔軟に選定することが可能です。当然網戸も装備されています。

何が画期的かというと、YKK AP社はもともとアルミサッシのメーカーでしたが、最近では樹脂サッシの製造・普及に向けて大きく舵を切っていることです。

モノづくりにこだわる同社は、サッシとしての理想を追い求める企業理念が、われわれのような設計者から厚い信頼を寄せられる理由なのだと感じます。

2 PELLA（ペラ）社：「プロライン」

アメリカを代表する高級木製サッシメーカーが作るこの窓はペアガラスで、日射遮蔽型のLow-Eガラスとアルゴンガス封入により、他社のトリプルガラス製品とも遜色ない性能を誇ります。木製の温もりと、外部はアルミで覆われたメンテナンスフリーなデザインが魅力です。また、網戸も付属しています。

3 Elitfönster（エリートフェンスター）社

こちらはスウェーデンの会社で、ヨーロッパでも有数の窓メーカーです。製品は木製のサッシとトリプルガラスで、中空層には乾燥空気、アルゴン、またはクリプトンガスの封入が選べます。この製品は寒冷地向けなので、基本的にガラスは日射取得型の構成となるため、本州で西日の入る窓に使用するのには不向きです。

またサッシの木部は外部に露出しているため、約2年ごとに塗装する必要があります。屋内から自身で塗装することは可能ですが、屋外から作業を行うほうが楽で、そのためには2階以上では足場が必要です。さらに、北欧のサッシには網戸が付いていないので、日本で使用する場合は別途網戸を取り付ける必要があります。

かつて高断熱・高気密住宅を手掛ける建築会社は、欧米の高性能な木製サッシや樹脂サッシを好んで使用していました。なぜなら、言葉はきついですが断熱性能の高い性能面で満足できるサッシが日本には存在していなかったからです。私の経営する会社でも、ほんの10年ほど前までは欧米製のサッシを積極的に推奨していました。

しかし、求められる断熱性能基準が世界一厳しいといわれるドイツの基準を満たす性能をもちつつ、日本独自のニーズ、例えば日射遮蔽ガラスの選択肢やメンテナンスフリー、日本独自の防火規制、さらには網戸が標準装備である点など多くの要望を満たす国内メーカーのサッシが、ようやく登場し普及し始めています。

窓選びでは一つのメーカーに限定する必要はありません。一つの建物内でも部屋の使い方や方位、デザインなどに応じて、窓のメーカー、開き方、サイズ、ガラスの種類、防犯性、色などを組み合わせることが可能です。建築士と緊密に打合せをしながら、最も適した窓を選びましょう。

国内メーカーが世界の高性能サッシの発売から数十年も大きく遅れたとはいえ、世界基準の性能をもつ製品を出したことは、業界にとっても大きな進歩です。私たち設計者にとっても、選択肢が広がり、建て主への提案力が増すことを意味します。これからもさらなる新しい技術と顧客のニーズに応える多様な製品が期待されます。

世界最高峰の断熱性能を誇るスウェーデンドア

家の玄関は、その住まいの顔ともいえる重要なアイテムです。また、玄関ドアの断熱性、遮音性、防犯性は住宅の居住性に直結します。特に断熱性は、冷暖房の効率や室内の快適さに大きく関わってきます。

日本で流通している玄関ドアのなかで、断熱性が最も優れているのがSweden Door（スウェーデンドア）だと思います。名前のとおりスウェーデンのような極寒地の基準で造られているドアなので、断熱性は抜群に高く、1・0を下回れば最高レベルといえる熱貫流率は、0・77W／㎡・Kを誇ります。このドアは木製であることが特徴です。一般的な鉄やアルミのドアよりも、高い断熱性や遮音性は世界最高水準です。また扉の開閉のたびに、その重厚さに来客なども驚くことと思います。使用される木材は、チークやオークのほか、長期にわたって美しさを保つＨＤＦ（高密度繊維板）塗装も用意されています。ただし、デザインの選択肢はあまり多くありません。チーク材やオーク材の商品は、年に数回程度、専用のオイルでドアを拭くといったメンテナンスが必要です。

一方、国内のメーカーで性能の高い商品としては、YKK AP社の「イノベスト」が挙げられます。このドアも高い断熱性能で知られ、熱貫流率は1・22W／㎡・Kで高性能です。最近ではスマートコントロールキーというタッチレスキーを選択でき、私もよくおすすめしています。サッシに比べると1棟の建物で通常1枚しか使用されないため、玄関ドアの高性能商品のバリエーションが少なく、それが今後の課題です。イノベストに比べてリーズナブルでスマートキーも使える、同社の「ヴェナート」を採用することも増えてきました。

このような断熱性の高い玄関ドアを使うことで、家の快適さは格段に上がります。もちろん予算との兼ね合いもあると思いますが、一生に一度の家づくりを最高のものにするために玄関ドアにもこだわってほしいというのが私の願いです。

第5章

モデルハウスは理想の家を建てるための体感型テーマパーク

見学時にチェックすべき7つのポイント

モデルハウスは「体感型テーマパーク」である

モデルハウスでは、これから新しく家を建てて生活をより快適にするための「夢の家」を体感できます。あくまでも「体感」が目的なので、目で見る情報だけでなく、五感をフル活用し、楽しみながら見学して五つの機能をチェックしてみてください。

一つ目は「断熱性」です。きちんと断熱されている家では、家の隅々まで温度や湿度にばらつきが少ないものです。

二つ目は「静粛性」です。気密性が高い家は、建物周囲の音が入ってこないため、玄関の中に入った瞬間に、屋内が静粛であることに気がつくはずです。そして冷暖房が強力に運転されていればその機械の運転音や低周波の振動、また送風音が耳障りとなるはずです。

三つ目は「空気のきれいさ」です。換気システムは現在の家では全ての建物に設置されてはいますが、機械による差と建物の性能で空気の質感が異なります。換気がうまく機能している家では、建物内がさわやかな空気で包まれていることに気づきます。

四つ目は、「肌で感じる温度感」です。例えば冬であれば、素足で見学し、足元が暖かいか、顔ばかりほてってしまい不快ではないか、夏に冷房の風が強く肌に当たり、不快ではないか、足元が湿気でじめじめしていないかを感じてみます。

五つ目は、「湿度が快適であるか」です。高い断熱性と気密性を実現し換気がきちんと機能していれば、建物内の湿度も一定で快適な範囲を保ち続けます。冬に過乾燥であれば、肌や目が乾いていくのが実感できますし、梅雨時などは湿度が高過ぎる家では、汗が乾かずジメッとした空気を肌が感じるはずです。

モデルハウスに見学に行く前、見学に行ったあとに、自宅の快適さ、不快さを意識して体感するとよいと思います。比較の基準ができるので、よりほかの家との違いに気づきやすくなります。

デザインや間取り、設備などは、どの建築会社に依頼をしてもある程度は自由に設計してもらえるわけですから、快適さ、住み心地といった肌で感じる「体感」を第一の目的としてモデルハウスを見学することが大切です。

もちろんそのうえで、自分たちの好みのデザインやインテリアを見つけるために、「体感」の目的とは切り離してモデルハウス巡りをすることは、大いに良いことで、否定するものではありません。

チェックポイント① 建物の裏側にある室外機の数を数える

住宅展示場にはデザイン性に優れたさまざまなモデルハウスが何軒も並んでいますが、性能面については、真冬の日中に暖房の室外機がガンガン稼働している建物は断熱性能が低い家だと分かります。

カタログやホームページに記載されている「計算上」の断熱性能値は、どこの会社でも大差はないので、断熱性をうたうモデルハウスならば、どれも暖房が切られているはずです。ところが実際には、真冬とはいっても日中はそれなりの気温があるときに室外機を見ると、大半が暖房中です。しかもその室外機の能力（大きさ）が大きく、台数が非常に多いことに驚きます。日中に暖房を一瞬たりとも切れないのであれば、夜や明け方に暖房を切れるはずがありません。24時間、冬の間中ずっと暖房を運転し続けなくてはならないようでは、もはや「断熱の家」とは呼べず、単なる「暖房の家」でしかありません。

一方、夏の場合、日中は外気温が高いため営業時間中に冷房を入れているのはどのモデルハウスでも同じですが、やはり室外機を見てみると、その建物を冷やし続けるのに必要な冷房能力がどれほどかが分かります。室外機は、能力が大きいほどサイズも大きくなります。これと台数とを確認し、各モデルハウスで比較することで、その建物の断熱性が客観的に、素人目にも簡単に比べることができます。

断熱性能が高い家は省エネ性が高く、ランニングコストを低く抑えることができます。また冷暖房機器の負荷、能力が少なく済むため、建築の際のイニシャルコストも抑えられますし、長期的にみても機器の更新の際の交換費用も軽減できます。全館空調のように大きなエアコンを導入してしまうと、耐用年数である平均10年ごとに200万円もの大きな出費が確実となってしまうのです。

室外機の数が少ない、またはサイズが小さいということは、その家が高い断熱性能をもっている証拠です。モデルハウスの内部を見学するには、1棟ごとに多くの時間が必要ですが、室外機を全て比較するだけであれば1時間で数十棟を見ることができます。そして室外機が少ない建物だけじっくりと見学をすれば、無駄な時間を減らせますし、そのほかの大事な話をする時間を確保することができるのです。

チェックポイント②家の中は素足で歩く

モデルハウスでは、玄関にスリッパが用意されていることがほとんどです。しかし、スリッパを履いてしまうと、床の本当の暖かさや涼しさ、湿気というものの感触がつかめません。

冬に見学に行った場合、建物の暖かさは素足から感じることができます。エアコン暖房と床暖房との違いも、足元から来る快適さに天と地ほどの違いがあることも実体験できます。

逆に夏場には、床がどれだけひんやりしているか、じめじめとした湿気がないかが感じられます。このひんやり感も、素足でなければ十分には体感できないので、スリッパを勧められても「結構です」と言ってみましょう。

チェックポイント③クローゼット内の空気を感じて温度と湿度を知る

温度や湿度を体感するためには、クローゼットや押し入れ、納戸といった場所がおすすめです。

通常、これらのスペースは常時扉で閉ざされているので、空調の効きが悪く通気性も低くなっています。また断熱性が低い建物内では、屋外に面する位置に配置されていると外気の冷気、熱気が壁を伝わってくるため、外気の影響をまともに受けます。換気による空気の循環も行われにくく空気がよどむため、家の中で最も環境の悪い空間となりがちです。それゆえに、クローゼットや押し入れまでもが快適であれば、それは居室など家全体の快適性が高い証拠だといえるのです。

もし可能であれば、季節が変わるごとにモデルハウスを訪れ、押し入れや納戸の状態が変わらないかを確認します。特に梅雨や台風シーズンは外が暑くてじめじめする季節です。そんな時期にモデルハウスで家中隅々まで快適であるかをチェックします。

チェックポイント④ トイレのドアを力いっぱい閉めてみる

トイレのドアを開けてから、勢いよく閉めてみると、気密性が高い家ではドアは最後まできっちりと閉まりません。トイレの内部の空気の圧力により、扉が閉まらないのです。なぜトイレなのかというと、トイレは空間が狭く、また廊下側に扉が開くので実験しやすいからです。もちろんモデルハウスのスタッフに了解を得ることと、扉などにキズがつかないよう、始めは少し弱い力で行います。またトイレの窓が開いているとそもそも高気密な状態ではないので実験はできません。気密性能が高ければ、手加減など一切せず渾身の力で閉めても扉が最後まで閉まることはありません。

チェックポイント⑤モデルハウスは窓が閉まっている冬か夏に行く

家づくりで欠かせないのがモデルハウスの訪問です。一年中いつでも行けるのですが、やはり行くべき季節があります。高断熱・高気密の家の性能を実際に体験するためには、真夏や真冬に行くのがベストです。

一番の理由は、窓が閉まっていて外気温が極端に高いか低いこの時期に、その家がどれだけ快適かがよく分かるからです。本当の高断熱・高気密の家であれば、外がどれだけ暑くても、または寒くても、室内の温度は一定です。実際に自分が体験することで、よりよく性能を理解できます。春と秋は、どのモデルハウスも例外なく快適なので、比べることができません。

真夏や真冬は、エアコンやヒーターなどのエネルギー消費が増加する時期です。高断熱・高気密の家では、外部からの熱の侵入や流失が少ないため、エネルギー効率が非常に高いです。四季がない快適な家かどうかを確かめるためには、そういったエアコンやヒーターなどがどれだけ稼働しているかを見て、家の外との寒暖差を実際に肌で感じることが大切なのです。

チェックポイント⑥ 遮音性・静粛性を感じる

気密性が高いモデルハウスに入ると、玄関のドアが閉まった瞬間から屋外の音がシャットアウトされ、静かで落ち着いた雰囲気に包まれます。大通りに面していなくとも屋外というのは、必ず遠くの車の音や風の音、人の気配など、さまざまな音であふれています。それらが消えたかどうか一度で分からなければ、もう一度玄関を開け閉めするなり、窓を開け閉めさせてもらうなりすればよく分かります。静かさが分からないのであれば、気密性は確保されていません。

外部の音が建物内部に入ってこないということは、家の中の音も外に漏れていないことを意味します。テレビ、ピアノ、音楽鑑賞の音、室内犬の鳴き声、家族の会話やけんかの声まで気にする必要がなくなります。

また建物内のいろいろな場所で耳を澄ますと、冷暖房が強力に運転されていればその機械の運転音、吹き出し口からの送風音が聞こえてきます。全館空調などの大型機械を設置している建物では、大半が2階、もしくは2階の屋根裏に設置されているので、設置部の下の部屋で低周波の振動が響いていることもあります。全館空調の設置された家に居住している人に聞いた話ですが、エアコン本体の運転音や振動が、送風ダクトを通して各部屋で聞こえるので、寝ているときにうるさくて仕方がないということでした。

チェックポイント⑦ スタッフの人となりを観察する

モデルハウスのスタッフに建築の専門知識が豊富であることは確かに重要です。しかし、実はそれだけでは不十分なのです。注文住宅の設計においては、建て主の具体的な要望や夢をかなえるためには、共感力や柔軟性といったことが不可欠です。新入社員であろうとベテランであろうと、建て主の言葉にきちんと耳を傾けることができ、理解しようと努める姿勢がなければなりません。また、建て主にとって何が得なのか、何を優先させたらよいのかを自分の家のように親身に考えてくれる人かどうかは、建築知識が豊富だということ以上に重要なことではないかと私は思います。仮に新人スタッフだったとしても、迅速に上司や専門家に確認する素直で前向きな姿勢をもっていることが重要です。

いくらスタッフ自身が長年のキャリアと経験をもっているからといって、それが全てではありません。キャリアが長く知識が豊富だからといっても、高飛車な態度で接するようなスタッフに対しては、誰もが積極的なコミュニケーションをとろうとは思いません。良い家を建てるためには、スタッフとの相性や信頼できるかということも大切な要素となるので、この点もしっかりと考慮に入れておくべきです。

建築会社側も同じように、建て主のことを見ています。横柄で、不誠実な対応をされたり、駆け引きをされたりするようなことがあれば、結局トラブルの元となるので、さまざまな理由を見つけその人との家づくりを断ることになります。あくまでも両者の信頼関係と誠実な人間関係が、家づくり成功の秘訣なのだと思います。

建築業者の価値観で家づくりは大きく変わる

建て主にそれぞれの価値観があるように、建築会社にもさまざまな価値観があります。例えば、独特の外観デザインやインテリアを提案する業者もいれば、断熱性や気密性といった快適性にとことんこだわる会社もあります。また耐震強度をどこよりもアピールする業者や、自然素材の使用にこだわる会社もあります。この価値観の違いが、家づくりにおける満足度に直接影響を与えるのです。

建て主が自分自身の価値観を明確にもっていない場合、結果的に失望感を抱くことになる可能性があります。価値観が不明確な状態のまま建築業者から言われたままに家を建てても、「何か違う」と釈然としないことになるのです。また、家相や方位に過度に依存したりすると、住みやすい間取りにならなかったり、快適さを犠牲にした家になったりしてしまう可能性もあります。「○○は使用できますか」「○○に力を入れていますか」と質問をすれば、どの業者も問題ない、力を入れていると答えますが、実際には得意、不得意というものがあるものです。ある意味、全てを完璧に網羅した建築会社は存在していないと思います。そうなると、建て主の価値観と建築会社や設計者のもつ価値観とが、できるだけ合致したところに依頼をするのが無難で間違いのない方法です。

例えば住み心地の良さと快適性を求めるなら、省エネ住宅に特化した業者を選ぶとよいですし、他社でやらないようなデザインに惚れてしまい、ほかは多少犠牲になっても仕方がないと思えば、その会社で建てるのが間違いありません。床暖房が欲しいのなら、その施工で豊富な経験をもつ業者に依頼するのが最適です。

モデルハウスの見学から、請負契約し、着工して家が完成するまでの道のりは長期にわたるものになります。さらに家が完成してから長い長いお付き合いも始まります。そのため、建築業者やそのスタッフとのコミュニケーションや相性も非常に重要です。

会社によっては、毎月キャンペーンを行い、とにかく契約を急がせる業者がいます。場合によっては間取りも確定していないのに「仮契約」を締結し、申込金を払えという業者もあります。家づくりの契約とは、結婚と同じぐらい長年連れ添う「約束」なのですから、とりあえず始めに「仮結婚」などあり得ないことだと思います。

また建て主から直接聞いたケースですが、打合せのたびに手土産を渡してくる会社もあるそうです。３Ｄプリンターで間取りを立体的にした建築模型をプレゼントしていた会社もあるとのことです。全てまだ建築会社も間取りも何も決定されてもいない段階にもかかわらず、です。結局、その建て主は私の会社で家を建てたのですが、その手土産や建築模型の費用は、結果的にはその会社で建築した人のみんなから得たお金で支払っていることになるので、建て主も「こんな費用、もったいないですよね」

とこぼしていました。

手土産を用意したり、建築模型でその気にさせたりする会社側の価値観と、そうされると喜び、そのまま契約してしまうことを疑問に思わない建て主の価値観とが合致したら、実際にどのような品質の家が建つのか分からないまま、その会社と契約することになるのです。

建て主が心から満足する家を建てるためには、自分自身の価値観を明確にし、それに最も合致した建築会社を選ぶことが重要です。

設計と施工の担当会社は一体のほうがよい

設計と施工に関する責任を、一つの会社に委ねるか、それとも分けるかは、家づくりにおける重要な決断の一つです。大手ハウスメーカーや地域の工務店は、一般に設計と施工を一括で行っています。一方で、施工はせず設計業務のみを行う設計事務所があり、その場合施工は別の建築業者に依頼することとなります。

私自身のあくまでも個人的な意見ですが、設計と施工とを、それぞれ別の業者に依頼する方法は、特定の価値観をもった建て主以外には、リスクが高い方法だと思っています。語弊を承知で表現すると、家づくりが成功するのかしないのかは、設計段階では分からず、家が建ってみて初めて結果が分かる「賭け」のようなものだとさえ思っています。

理由の一つは、設計業務のみ行う設計事務所はどうしても「独特の」「斬新な」といったデザインが売りになり、それを武器としている事務所が多いと感じるからです。施工そのものは行わないのですから、どうしても「施工が丁寧」「断熱や気密、換気の性能が他社とは違う」といった施工技術をアピールしにくいのです。ほかにない、独特で斬新な設計となると、当たり前ですが「普通の形の家」が提案されることは少なく、変わった屋根や複雑な形状のデザインとなったり、あまり普及していない建材を実験的に取り入れてみたり、といったケースがどうしても多くなります。

もちろん、そういうものを建て主側が求めているのであればよいのですが、普通に快適で、耐震上もバランス良く、雨漏りのしにくい、長い年数を経過しても問題が起きない信頼性の高い建材を使ってもらったほうがよい、と考えているのであれば慎重に考えたほうがよいと思います。もちろん全ての事務所がそういうものだと言いたいわけではありませんが、そういう傾向があると感じます。

独特で斬新だけれども、快適で安全で持続的であるという全てを満たす家にすればよいと言うかもしれませんが、そうするには、必ず矛盾や相反することが多く出てくるものです。ファッションショーの洋服が普段使いに適し、機能性に優れた普及する服だと思う人はあまりいないと思います。同じ建築士の私からみても、そうした事務所の素敵で素晴らしいデザインは感心しますが、同じようなものを建ててみようとは思えないのです。

というのも、私の会社のように設計事務所でもあり建設業者でもある設計施工の会社では、設計業務だけでなくそれを施工し引き渡し、長く暮らしても不具合が生じにくい家を建てなければならないという責任があるからです。

複雑な形状の屋根を採用すれば、やはり雨漏りのリスクは高くなります。極端に凹凸のある形状の建物では、外壁の表面積が増えるため断熱性で不利となります。また立体的、平面的にバランスの良くない建物は、耐震性能が犠牲になってしまいます。全面ガラス張りのリビングにしたら、そのサッシとガラスは特殊なものとなり、断熱性には目をつぶらざるを得なくなります。

建築材料も普及していない珍しいものを採用しても、使い勝手や耐久性が良く、また将来の更新がしやすい製品であるかは、実績があまりないので不安です。または未知の体験となります。そうすると、どうしても奇をてらった、独特で特殊な家を建てても、自分の首を絞めることになるのです。

「無理をしない」設計を心がけていますが、多少なりとも初めて行ったこと、初めて使用した建材、多少無理を承知で行った部分などでは、必ずと言ってよいほどトラブルが発生します。

いつもの職人で腕は確かであったとしても、施工するのは初めてのため、施工の際にうまくいかないケースがあったり、数年経過したあとに不具合が判明したり、交換しようとしたらうまくいかなかったりすることがあります。

仮に不具合があった場合、職人は、「そういう設計をするのが悪い」「そんな商品を選択するのが悪い」と思っていますので、私は極力無理するような設計や施工は避けたいと常に思っています。そうすることが結果的には建て主にとっても、ベストなことなのだと思えるからです。

ただ、私がもしも設計業務のみを受託する設計事務所を経営していたとしたら、奇抜なものを提案してしまうと思います。設計業務の受注のためには、普通の提案では特徴がないからです。また施工は工務店が行うのですから、施工がうまくいかなくても雨が漏ろうとも、製品の不具合が起きようとも責任は工務店がもってくれるので、特にこちらには責任がないと気軽にいろいろな提案ができてしまうのです。

設計業務のみを受託する設計事務所は、いつも懇意な付き合いをしている特定の工務店に施工を依頼するケースもあれば、毎回複数の工務店のなかから、コンペなどにより依頼先を指名するケースもあります。コンペの場合は、いちばん安い工務店になりがちです。安いということが決め手となるため、技術力は二の次となることが多いです。自由競争の原則として、例外はあるとしても、レストランでも美容院でもホテルでも、一般的には価格の高いほうが、サービスや技術の質が高くなります。ところがコンペの場合は、価格が安い会社が受注できるため、いちばん質の良い施工になる可能性は低くならざるを得ません。

価格の安い会社でも家は設計図どおりに建てられます。ところが設計図には記載できない施工上の注意点や、ノウハウなどが無数に存在します。音楽の演奏に例えると、楽譜どおりなら皆同じ演奏になるはずですが、演奏者によりうまい、うまくないとレベルが違ってきます。レストランに例えるとレシピがどんなにきちんとしていても、専属のシェフでなければいつもの味は出せないのと同じです。

以上の理由などから、設計と施工は一括で発注する方法が、間違いないと思います。責任の所在もはっきりとしますし、快適さを重視した家づくりには最適だと思います。

大手ハウスメーカーと地元工務店はどちらを選ぶべきか

大手ハウスメーカーは知名度も高いため、多くの人にとっては安心です。しかし、知名度や規模が大きければ快適な家を建ててくれるのかというと、関係はありません。

大手ハウスメーカーが建てるのは、基本的に工場で住宅の主要なパーツや建物の部分を「製造」し、現地で住宅の形に組み立てる、「プレハブ住宅」となります。

「一般社団法人プレハブ建築協会」の会員には、旭化成ホームズ、積水化学工業（セキスイハイム）、トヨタホーム、パナソニックホームズ、大和ハウス工業、ミサワホーム、三井ホーム、住友林業、スウェーデンハウス、一条工務店といった、いわゆる大手メーカーがずらりと名を連ねています。

確かに工場生産などで大量に家の壁などをパーツとして製造し、そのパーツや建物のユニット（建物を道路で運搬できる大きさに分割したもの）や壁は技術力が高いため寸分の狂いもなく、工業製品として素晴らしい品質であることはまぎれもない事実です。ただそのことと断熱性、快適性が高いこととは一致していないと思います。いちばん品質が良く快適性が優れているのであれば、エアコンなどの冷暖房設備の設置台数が少なく能力も少なくなっているはずなのですが、そうではありません。断熱に力を入れている中小の建築会社の建物に比べると、設置台数は圧倒的に多く、能力も多く必要となっているのが現実です。プレハブの大手メーカーのなかでもかなり性能の違い（カタログ上はどれも良い数値で差はない）はありますが、少なくともそれらよりはるかに性能が高い、中小の建築会社は無数に存在しています。

知名度が高いことには異論はありませんし、人に自慢できる有名メーカーで建てることが大切だと思う人がいることも大いに結構ですが、「大手ハウスメーカーの家がいちばん快適」とは言いきれないと思います。

実を取るかブランドを取るかということになりますが、日本人はブランドに重きをおく人が多いと感じます。だからこそ、住宅としては世界的にも特異ともいえる工業化住宅が価格は高いのにこれほど普及したのだと感じます。もしかしたら高いからこそ高級で価値があると考える人が多いのかもしれません。

大手ハウスメーカーは、その他の建築会社（特別に高級な家を建てる会社もたくさんあるので、語弊はありますが）に比べ、一般的には住宅の建築費は高くなりますが、価格が高いのだから性能も高いかというと、関係はありません。少なくとも多くの営業マンなどの人件費、大規模な会社組織の運営費、極端に多くのモデルハウスの建築費、その維持・運営費など、住宅そのものに必要な建築資材と施工のための人件費以外に、かなりの金額が建築費に上乗せされているので高くなってしまうのです。そうした純粋な建築費以外の間接経費は、本来は少なければ少ないほど良いのが当たり前です。なぜなら、同じ品質なら間接経費が少ない分だけ建築費が安くなりますし、同じ建築費なら、間接経費が少ない分より高い品質の建材や施工の手間や時間といった人件費に予算を振り分けることができるからです。ところが「高いものが良い、高いほうがありがたく価値がある」と思う人が多いのが事実です。しかし私は、純粋に建物にかかった費用、建材や施工に必要な人件費が高かった家のほうが、本当に高級で価値がある家なのではないかと思います。

日本の住宅市場は特異で、人生で最も高い買い物である住宅の設計にお金を払う習慣がありません。設計のプロフェッショナルでもなく建築士の資格もない営業マンが提案した、無料のプランの家に住んでいる人が多い国です。しかし、この無料だという設計も結局は営業担当者の人件費として、建築費に含まれているのが現実です。

大手ハウスメーカーのもう一つの特徴は、多層構造の下請け制度です。元請けの下に孫請け、曾孫請け、さらにその下に職人が存在し、元請けがまず利益を取り、残りで孫請けに発注をします。その孫請けも自分たちの利益を引いた残りの金額で曾孫請けに発注します。

このように各下請け業者が自分たちの利益を確保したうえでその下請けに仕事を依頼するため、末端の職人はごく限られた予算と工期のなかで施工することになります。高くない賃金とごくわずかな期間で質の高い仕事を提供することは困難です。

多くの職人や下請け業者は、少しでも良い条件でじっくりと自分の高い技術力を発揮できる仕事があれば、すぐに別の建築業者に移ってしまいます。大手ハウスメーカーの下請けでも手放したくない良い腕をもっている業者や職人であれば、高い単価での発注がありますが、そのほかの多くは、安くても引き受けてくれる業者が残ってしまっているのが実情です。

こうした大手ハウスメーカーに対する存在として、ビルダー、工務店と呼ばれる地場の建築会社があります。これらの企業は設計から施工まで一貫して行っており、特に地域性や建て主のニーズに柔軟に対応できる場合が多いです。地域に根ざした工務店は地域の気候や文化、生活習慣などにも精通し適切に対応できるのです。何よりも、その地域で長年仕事をしているので信頼関係が第一で、誠実で評判や口コミといったものを大切にしている会社が多いと思います。反対に言えば、不誠実で評判の悪い会社は長く生き延びることができず、淘汰されているのです。

各工務店には、会社ごとに実にさまざまな特徴やポリシーがあります。星の数ほど建築業者はあり、星の数ほどのポリシーがあります。快適性を特徴とする会社も、地元産の建材の使用が特徴の会社も、特徴はないが良心的な価格で家を建ててくれる会社もあります。設計思想や会社のポリシーをじっくりと聞いてみることや、仮に常設のモデルハウスがない会社であっても、会社の社屋や実物件など何かしらの方法で性能や特徴を体感することは可能です。自分たち家族にとって一番の建築会社を見つけてください。

ちなみに私の会社では、断熱や気密、換気といったノウハウをもち、長年信頼関係を築いてきた専任の職人だけで家づくりを施工することにしています。初めて依頼する職人に、過去からのノウハウをほんの短い時間のなかで一から全て伝えることは不可能だからです。結果的にはいつもの職人がいつものように施工してくれることが、間違いがなく品質も確約される簡単な方法です。

全体としてみると、地場の工務店などの建設会社は、建て主にとって設計の自由度、個別の要望、予算などで高いメリットを提供できるといえます。大手ハウスメーカーのような知名度はないですが、快適性を特徴とする会社であれば、大手ハウスメーカーでは不可能な快適性を良心的なコストと柔軟性をもって叶えてくれるという場合が多いと思います。

原価をきちんとかけない会社は選んではいけない

建築業者を選ぶ際は、利益重視で原価を安く済ませようと安い材料ばかり使うような会社を選んではいけません。高品質な家を建てようと思えば、材料もそれなりの価格の物を使うことになり、自ずと原価はかかります。一般の人でも高級品か普及品かが判断できるキッチンや風呂、トイレや外壁などは、ここぞとばかりに「こんなに素敵な良い商品が当社の標準です」とアピールをしてきます。長く住める家を建てるためには本当はとても大事だが、あまり目立たない壁や屋根の中に使用される部材にもきちんとコストをかけていることが重要です。

私の会社で数年前に、YKK AP社から新しく発売になったトリプルガラス樹脂サッシの「APW430」シリーズをすぐに採用していたところ、東京都内で年間の採用数第1位だと表彰されたことがあります。私の会社は限られた棟数しか建てていないのに対し、東京には4万社ぐらいの建築会社があるのになぜ、とたいへん驚きました。

このサッシの値段が極端に高いかといえばそうでもなく、従来品に比べてそれほど高価ではありません。それでも建物1棟全体でたかだか10万円、20万円高いためになかなか採用されないのです。つまり、どこの会社も建築の原価を徹底的に削り、ギリギリの線で建築しているのです。

世間に名の通った大手ハウスメーカーは、私たちよりも500万円も1000万円も高い価格で家を建てています。ところが、サッシを含めて使用する建材費や職人の人件費は、非常に安く抑えられているという現実があります。

こうしたメーカーがお金をかけているのは販売経費です。広告宣伝・営業活動費、その他諸々プロモーション全般のコストを賄うために家の原価を徹底的に切り詰めているのです。

建築会社のなかには、とにかくコストをそぎ落とそうとして単価の安い業者や職人に依頼するところもあります。仕事がなく遊んでいるよりはと、安く請け負う職人もたくさんいますから、こうした方法が成立してしまうのです。

例えば、建て主によっては購入時に値引き交渉をする人もいます。建築会社としては仕事を受注するために値引きをします。しかし、実際には値引きした分だけ利益が下がるのではありません。値引きをした金額から既定の利益を引いた金額で、下請けに発注します。いつもより安く請けることを断られると、別の職人に仕事を発注するだけなので、元請けの会社にとっては痛くありません。何百万円値引きしてもらって喜ぶ建て主もいますが、その値引き分だけ単価が安い職人があてがわれるだけなので、建て主が得をするのではないのです。そうやって出した利益でテレビCMやネットのバナー広告を打ち、大量の営業マンが営業活動をしていくことになるわけです。

大きな住宅展示場になると、一社の大手ハウスメーカーが4棟ものモデルハウスを一つの展示場内に建てていることがあります。しかもその4棟のどれかを2、3年に1回は解体して建て直しています。それが全国津々浦々の展示場で同様に行われているわけです。その費用はそのメーカーで建築をした建て主たちが分担して負担をしています。住宅建築に直接必要なもののほかに、間接経費が上乗せされているのです。たくさん宣伝しているハウスメーカーは営業力が強いし、日本人のブランド志向からは、大手ハウスメーカーに注目が集まってしまうのは仕方のないことです。ただ、本当に建て主のことを考えているかというと、疑問は拭いきれません。

「大手だから安心」という先入観は捨てる

住宅の建築費のおよそ半分は人件費です。ところが、建築会社によっては販促費にコストをかけ過ぎているため、販売のための人件費は多い代わりに施工のための人件費は徹底的に抑えるようにしています。

例えるなら、高級レストランがオープンしたときに、できるだけ安い時給で働いてくれる人をシェフに雇っているようなものです。メニューを見ると、有機野菜の人参を使い、肉は◯◯産でA5ランクを使っています、ということが書き連ねられています。しかし、その高級食材を最近まで品質よりも安さで勝負という店で働いたことしかないシェフが安い時給で雇われて料理をしているようなものです。なんの値段でも、高ければ良く安いものはだめだというつもりはありませんが、平均してみれば、シェフでも職人でも能力が高ければ高いほど、それに比例して賃金単価も高くなっていきます。営業マンが多く、宣伝費や販促費の多い会社は、当然安い職人、安い業者に発注することしかできなくなります。大手はだめだというつもりはありません。膨大な数のモデルハウスを運営し、そこに多数の営業マンを配置し、打合せに来る見込み客に手土産を渡すといった建物以外の経費をかけすぎる手法が正しいことだとは思いません。

私の経営する会社も、モデルハウスは体感施設として最低限の数とはいえ常設で運営していますし、新聞広告やインターネットの広告も行います。しかし、一つの展示場で複数出展させたり、モデルハウスの前に呼び込みのアルバイトを立たせておいたりすることはもったいないと思います。手土産などなくても誠実に家づくりの手伝いをすることがいちばんの手土産だと思っています。

営業マンも家づくりには不要なので、私の会社には1人もいません。建築士やコーディネーターが直接建て主と打合せをすれば済むからです。営業マンを経由してしまうと、要望のニュアンスが建築士に伝わりません。経営者として営業マンの人件費をけちっているのではなく、その費用が抑えられればその分より良い品質の建材を使用できるからです。賃金単価は高くとも良い仕事をする職人に発注することもできるし、何よりも建て主の建築費を抑えることもできます。

私の会社に営業マンがいないのには、無駄な人件費をかけたくないというだけでなくもう一つ大きな理由があります。それは、営業マンでは建築についての責任を負いきれないからです。建築の専門家ではなく、あくまでも販売する職種です。ところが実際には、多くの建築会社で営業マンがプランを提案し、それがそのまま建築されます。もちろん建築基準法に合致しているか、構造上の欠陥はないかということは建築士などバックアップのためのスタッフによってチェックが行われます。しかし、そもそもそのプランが適切で、建て主の要望を完全に満たしているのか、ほかの提案はできないのかということは誰もチェックできません。打合せをしている本人しか建て主の希望のニュアンスが分からないので、修正することができず、どこに問題があるのかもほかのスタッフには分からないからです。

途中で上司が打合せに入ったところで、すでに一つの方向に向かってしまっているプランをひっくり返すことは難しいのです。また建築の幅広い知識が乏しければ、ある程度計画が進んだ段階に来て、法律上、構造上不可と判明し大幅なプラン修正を余儀なくされることもあります。営業マンにそこまでの責任は負わせられないと考えています。責任を負えないのであれば営業マンを置いても仕方ありません。さまざまなリスクを回避し適切な提案をするのには、少なくとも構造、建築関連法規に精通した建築士が初めから担当すべきだと私は考え、そうしているのです。

そもそも住宅の設計では、100㎡（30坪）以下の家の設計には建築士の資格は不要です。30坪といえば東京では一般的なサイズなので、普通の家を設計するのに建築士の資格はいらないことになります。建築確認申請の際に建築士の名前で申請を行えばよいので、実際には40坪の家であってもハウスメーカーでは営業マンが間取りを作っているのが普通です。建築士をたくさん雇ってプランを作成させると人件費が多くかかるので、人数を多くすることは困難です。それよりは、住宅を販売してくれる営業マンを一人でも多く雇い、営業マン数人から10人に1人ぐらい建築士を配置するほうが能率的だと考えます。

本来は無料で設計できるわけではないのですが、間取りをパズルのように検討するだけであれば、練習すれば営業マンでも作成可能です。そういう手法で間接経費を抑え、それでまた宣伝を行っているのです。しかし、やはり建築士の資格のない人のつくった間取りは怖いものです。失敗しても交換すれば済むものではなく、全ての人にとって一生でいちばんの、唯一の、最も高価な買い物である住宅建築で、責任のない人に任せるのだけは誰でも不安でしょう。自分の体の手術だけは、研修医や若い医師が担当でないことをみな祈るのと同じだと思っています。

もちろん建築士の資格のない営業マンでも非常に良い間取りを設計する人もいますし、その反対にうまくできない人もたくさんいます。営業マンごとに大きくセンスや知識、経験の差があるということです。良い営業マンに当たれば良い間取りの家となり、外れたら残念な家になってしまうのです。

そういう意味でも「大手だから大丈夫だろう」という考えは当てはまらないのです。少なくとも、「大手でも」「大手でなくても」当たり外れがあるわけですから、「大手だと安心」だというのは誤りです。

「他社でこんな提案がされていました。見てもらえますか」といって、提案されたプランを見ることがよくあります。素晴らしいプランもたくさん見ますし、建て主の要望がきちんと反映されているならそのままでよいと思います。できればほかの人のプランにケチはつけたくありません。ただそのなかには、こんなひどい間取りでは建て主がかわいそうだと思ってしまうものが数多くあります。いちばん日当たりが良くて、景色も良いところが玄関と廊下と階段になっていたり、なぜこんなところにリビングがあるのか、と思ってしまうようなプランや構造上無理をしていたりするものを見ることも多いのです。建て主の要望や特殊な事情があり、あえてそうなっているのなら問題ないのですが、私がなぜこうなっているのかと質問すると、「そんな要望はしていない。確かにこれは良くない」と気づくケースも多く、タイミングなどによっては、そのプランのままで家が完成してしまうのです。

「間取りはパズルではない」と私は思います。大きめの家に多いのが、ＬＤＫが家の中央に、その左右に部屋が配置され、ＬＤＫを取り囲んでいるプランです。ＬＤＫが廊下の役割も兼ねるため、廊下の面積分、各部屋は余裕のある大きさになっていて、建て主も気に入っています。ところが実際には、部屋にとり囲まれたＬＤＫは南一面しか窓がなく、特に奥のキッチンには窓も少ないためほとんど日が入らないような間取りなのです。気になり「暗いＬＤＫがご希望ですか?」と質問をして、初めてその間取りの欠点に建て主が気づいたのです。パズル的には優秀な間取りですが、住みにくい間取りとなっていました。たまたま担当した営業マンに間取りの設計を任せっきりにしていると、こういった事例が出てくるのです。

家づくりというのは、「百聞は一見にしかず」です。実際に家を建てる土地を見て、初めてみえてくるものがあります。なかには現地を確認もせずにプランを提案してくるケースもあります。敷地と道路とで高低差があることが図面では分からないため、玄関ドアを開けたら高低差のある道路まで飛び降りるしかないプランを見ることもあります。玄関の外に階段を設けるスペースがないため、そのプランは破綻しているのです。プランならやり直しも可能ですが、実際にそうした状態のまま建物がほぼ完成されていて、このあとどうするのか心配になるような現場を目にしたこともあります。玄関はこっちじゃなければダメだとか、図面だけで分かるものもありますが、現地に行って初めて分かることもたくさんあります。また建て主の要望にも意味のあること、たいして意味のないこと、ほかに解決方法があるもの、多少犠牲があっても取り入れなければならないこと、などを設計者として汲み取っていかないといけません。またそこに要望とは相反する構造上、法律上の制約があるので、要望さえ聞けばよいわけでもなく非常に難しいものです。

間取りの良い・悪いを建て主が判断できない場合、提案されるプランを受け入れることしかできず、そのまま打合せが進んでいけば、最終的にはそのまま建築され、そこに暮らすことになります。

仮にリビングのど真ん中に柱があるような生活しにくいプランだったとしても簡単に変更してくれることはありません。しかも仮契約の時点では存在していなかった柱です。建て主に「そうしてほしいと要望したのですか」と聞いたこともありますが、そんな希望はしておらず、柱をなくしてほしいと言ったが、構造上仕方がなく、いまさらできないとその会社に言われたということが、実際にありました。結局、仮契約を破棄しその会社での建築を中止することになったのです。

正解がみえないなか、建て主自身に正解だと判断をしてもらえるだけの情報を伝えたり提案をしたりすることが、設計者としての最終的な目的となります。建て主が自分の要望を理解し、取捨選択し、法律上の規制をクリアし、構造上無理のない建築物となるようにするのです。正解の判定は、建て主しか下せないのです。

家はゼロから造り上げていくものなので、建て主と話をする営業マンや建築士次第で全てが決まります。経験の少ない営業マンは、間取りを作成するときに実際に生活している場面を的確にイメージできない人もいるので、よく見極めることが大切です。

そう考えると、当たり外れのある大手ハウスメーカーに比べると、むしろ地場の建築会社のほうが建築士であったり、社長であったり、最終責任者であったりする人との距離が近いため、外れがないと思います。

一般にハウスメーカーでは、モデルハウスに来場したときに「いらっしゃいませ」と、たまたま最初に挨拶に出た人が営業担当になります。担当者を選ぶことも変更することも原則できません。新卒一年目の営業マンが出てきたら、その人が間取りを考えて家を建てることになるのです。

その点、地場の建築会社では、営業兼建築士兼社長が同席するケースもあり安心です。これは規模が小さいからこそできることで、当たり前のことともいえるのです。ミシュランの星を獲得したレストランで、料理長が料理の全ての味に関与し最終責任を負うということは、当たり前のことなのです。

内情を聞くと、大手ハウスメーカーの下請けとして関わる職人には、施工が初めての場合は分厚い施工マニュアルを渡されます。住宅メーカーごとに要求する仕様や規程、建築材料の納め方が異なるわけですから、たくさんのことが書いてあります。ところが本来最も大事な、断熱材を使って家を暖かくするというようなことは書かれていません。この建材には何㎜ごとにクギを打つ、ということはものすごく厳格に説明されているにもかかわらずです。職人としては別のハウスメーカーで家を施工する際には「去年まで○○会社をやっていたけれど、今年は△△会社だから新しいマニュアルを読まなければ」と勉強し直すことになります。不慣れな初めてのハウスメーカーの施工では、やはり間違いや勘違いも起きやすいのです。支払いが良くなかったり値切られたりして、少しでも良い条件の会社が見つかれば、すぐに別の会社に移っていくのです。彼らは一人ひとりが経営者ですから、支払いに関しても仕事内容に関しても非常にシビアで、やりたくない仕事は単価が高くとも引き受けることはありません。

こうしてみると、「大手はダメだ」と言うつもりはまったくありませんが、「大手だから安心」というのは当てはまっていないということだけは正しいと思います。

大工中心からハウスメーカー中心に変わっていった日本の建築

日本の戦前の住宅建設は、今のようにハウスメーカーは存在しておらず、大工が元請けでした。

大工は棟梁と呼ばれ、自ら図面を引いて家を建てていたのです。細かいところは、家を建てながら家族の人たちと会話を交わし、「ここに棚つけとくよ、奥さん。壁は明るくこんな色がいいんじゃない?」とやっていました。そして、大工自身が、家を建てるために必要なとび職、瓦屋、建具屋、左官屋といった専門職人を連れてきたのです。

「うちの家が良かったからお隣もよろしく」「実家を建ててもらったから、分家もお願いします」と、本家が家を建てようとする人たちに大工を紹介する、人の縁や地縁のつながりで家を建ててきたのです。

しかし戦後の復興期に入り、家をたくさん建てなければならなくなると、そういう形式も薄れていきました。みんな空襲で家を焼かれたうえに、都心に人がたくさん集まってきて、戦後の復興とともに大量に家をつくらなければならなくなったのです。また地方から東京に出てきた人は、出身地のなじみの棟梁に頼むことができません。

そこに登場するのが大手ハウスメーカーです。もともと建築とは一切無縁の会社が多いのが特徴です。へーベルハウスは化学・繊維会社の旭化成です。工場もあるし建材をつくる技術はあるから家もつくってみようということになったのです。トヨタホームはトヨタ自動車、パナソニックホームズはパナソニック、積水ハウスは積水化学工業を母体として独立、積水化学工業本体はセキスイハイムというブランドを立ち上げます。積水化学工業はプラスチックをつくっている会社です。大和ハウス工業はプレハブ住宅（工業化住宅）を戦後日本で最初に製造した会社です。

その後、プレハブ住宅メーカーとしてミサワホームの創業、林業の会社である住友林業が住宅事業を開始したのは戦後30年経過した1975年というように、戦前から住宅を工場で製造している会社は私が知る限り1社もありませんでした。

大昔から大工たちは、営業などすることなく人の縁や地縁に頼って仕事をしていました。だから彼らは自ら家を売り込む力が弱いのです。プレゼンテーション力やデザイン力、インテリアのコーディネートといったこともそれほど得意ではないために、工業化住宅の生産力、販売力に徐々に仕事を奪われることになったのです。

その結果、現代のように大手ハウスメーカーが営業・販売・パーツの製造をして、その下請けの職人として組み込まれていくようになりました。工業大国でもある日本ではものづくりは得意ですから、住宅産業に進出しやすかったのと敗戦からの復興の要として、官民挙げて家を「生産」していく土壌が出来上がったのです。

こうした現象は、ほかの国には発生しておらず、日本固有のものです。したがって日本の大手ハウスメーカーは世界最大のハウスメーカーでもあります。

海外には、日本にあるような大手ハウスメーカーはほとんど存在しません。自動車メーカーのメルセデス・ベンツが家をつくって、「メルセデスホーム」と称したり、アメリカのGEが「GEホーム」という家を製造したりしてはいません。

私は、家は工業製品ではないと思っています。自動車や家電のように大量に同じ規格で「製造」するものではありません。家とは、建てる土地もみな違い間取りも仕様も全て異なる、完全なるオーダーメイドの「建物」です。人間は一人ひとり違い、価値観も要望も全て異なるわけですから、大量生産には向きません。日本の大手ハウスメーカーのように年間数千から数万棟の家を「建てる」というよりは「生産」することが、戦後の日本ならではの特殊な状況だということが分かります。

海外では、地域ごとにホームビルダーがいて地域の気候やさまざまなニーズに合わせた家を建てるのが今でもスタンダードなのです。プレハブ住宅で済ませたい、というニーズはないのだと思います。

職人との人間関係が、良い家をつくるためのバロメーター

建築現場には、ハウスメーカーや工務店の意向が如実に表れます。大手ハウスメーカーや建売住宅の現場は、短い作業期間で家を一軒完成させなければならないのでピリピリとした空気が流れています。職人たちは自分の仕事を終えるのに必死なので、ほかの職人のことまで気を遣う心の余裕がないことも少なくないのです。例えば内装仕上げ工事業者が、電気工事会社がまだ来ていない状態で仕上げ工事を行ってしまい、あとでそれをはがしながら作業を行うとか、現場内の作業に邪魔な資材をさまざまな職人が動かし作業スペースを確保しようとしてけんかになったなど、いわゆる「荒れた現場」になります。

いつも私が作業を依頼している電気工事の職人から聞いた話があります。その人はほかの会社で建売の仕事もしているのですが私の会社では1棟の家で合計6日間にわたって作業をする工事が、建売住宅では平均3日で2棟を終わらせているとのことでした。配線の数そのものは大きくは違いません。なぜそれほどまでに作業日数が違うのかというと、私の会社では気密性の確保のために、建物内の無数に開いた配線の穴

を塞ぐ作業に手間を掛けてもらっているからです。またほかの職人の作業を終えてからでないと断熱性や気密性の確保がしにくい部分は、その工程を終えたあとに現場に来てもらうため追加の日数が必要となります。もちろんその分、職人へ支払い費用も比例して多くなります。しかし、安く済ませるわけにはいかないと考えているので、当たり前だと思っています。建売住宅がなぜ安いのか、というのは単に安い値段で済ませられるレベルの仕事しか現場に求めないからというだけのことです。建売住宅の職人は「手抜き」をしているのではなく、そもそも手間を掛ける仕事を求められていないということなのです。

地場の工務店などは、建築業者のなかでは比較的良い人間関係を築いている会社が多いと思います。規模、建築棟数が限られるので、職人の数もある程度限定されているからです。いつも現場で顔を合わせているので、必然的に深い関係を築きやすく、ほかの職種の仕事がしやすいようお互いに気を遣って仕事をするようになるのです。

私の会社では、新たに職人を入れる場合は、その人選も慎重に行います。腕がいいことはもちろん大切ですが、ほかの職人や、われわれ建築会社の人間とも誠実に家づくりをしていく仲間となれるような人柄なのかを最も重視しています。無口で人あたりが良い人ばかりではありませんが、みな誠実で、お金の目的だけでなく、とにかく良い家を建てるために良い仕事をするのだという気概をもった職人ばかりです。家は単なる建材の集まりといった物体ではなく、人により造り上げられた「思いやり」の集大成なのだと信じています。

理想の家をつくるために得意分野を活かす

私は高断熱・高気密・換気・地熱利用の蓄熱式床暖房といったものを高いレベルで融合させる住宅に特化して家づくりをしています。

しかし、これらは独特で特殊な技術力やノウハウが必要なので、それらが得意でない会社にこれを求めるのは現実的ではありません。私の会社のレベルが決して日本でいちばん高いとも思いませんし、実際にさまざまな地方も含め多くの住宅建築会社の人と知り合い、住宅の見学もしてみて素晴らしい性能、快適さ、ポリシーをもった会社が日本中に存在していることをよく知っています。快適さの実現のための方法は、会社ごとに異なってよいと思います。どんな方法、工法であっても結果として快適でさえあれば、家づくりは大成功なのです。

例えば断熱工法は、充填断熱でも、外張り断熱でも、付加断熱でもなんでもよいのです。断熱材も、グラスウールでもウレタンでも発泡系でも特に問題はありません。結果的に冷暖房の負荷が少なく、家の中が隅々まで快適で省エネとなればそれでよいのです。

蓄熱式床暖房の設置が難しいということであれば、普通の床暖房の採用でもよいでしょうし、代わりにパネルヒーターでも蓄熱暖房でもよいのです。断熱性さえ良ければ暖房の負荷は少なくて済むのですから、たとえエアコン暖房だけであっても、今までの断熱性の低い家に比べたら格段に快適になります。私が暖房に床暖房を採用する理由は、エアコン暖房に比べて100人中100人が床暖房のほうが気持ちいいと言うから。それだけです。

また、その会社が不得意なものを依頼するのは勧められません。工務店やハウスメーカーのもっているいちばん得意なものを活かした家づくりをしないと、家づくりは成功しません。

「このレシピの品がおいしい」と思ってレストランへ行って、シェフに「このとおりに作ればおいしいから作ってみて」と言ってやらせるのは無理な話です。

医師に、採用したことのない医療の方法を伝えて「知り合いの医師がこうやっているから、これで治療してください」とはやりません。それと同じで家づくりの成功の秘訣は、一旦建築業者を選んだ以上は、その会社のいちばん得意で安心して任せられるものをそのまま採用することです。信頼できる良きパートナーを、自分で体感しながらぜひ見つけてください。

第6章

家づくりはゴールではなく
新たな暮らしのスタート

理想の家を維持し、いつまでも健康で快適に住まう

私の会社が高断熱・高気密の家をつくるようになったきっかけ

高断熱・高気密の家というのは、今から半世紀前の１９７０年代に「オイルショック」や「省エネ」という言葉とともに欧米から入ってきました。当時は石油が高騰して省エネルギーについての意識が高まっていた時期です。

この頃から冷暖房使用による光熱費を最小限に抑えるために、家の断熱性能を上げようという機運が欧米から始まりました。

欧米、特に北欧やカナダ、アメリカ北部は、日本とは違って冬になると当たり前のように氷点下30度にもなる地域があります。このような暖房によるエネルギー消費が膨大な国々では、必死に家の断熱性能を上げなければならなかったのです。ひと冬でドラム缶数本もの石油を使っていた暖房をどれだけ減らせるかは、彼らにとって生活に大きく関わる問題だったのです。

断熱性能の高い家を建てる動きは、ほどなく日本では北海道から始まりました。ちょうどその頃、先代の社長である私の父は、床暖房で冬でも半袖で暮らせる家があると聞いて見学に行くことになりました。実際に行ってみると、真冬にもかかわらずそこの夫人が本当に半袖で出てきて本当に驚いたそうです。玄関のドアを開けた瞬間から暖かく、リビングに通されてからコートを脱ぐのではなく、玄関で脱いでもまったく寒くなかったのです。

リビングと玄関の間の扉も開いていたけれど、リビングには足元に一切冷たい空気が入ってこないことを、とても不思議に感じたそうです。その家は全館が床暖房となっていて、エアコンやファンヒーターのように風がなく、体の中からぽかぽかとして居心地の良さに感動したそうです。自分でもこんな家をつくりたいと思ったのが高断熱・高気密、そして床暖房の家を建てるようになったきっかけです。

それから間もないある日、父は自宅の床全面にパネル式の市販の床暖房を設置するというリフォームを行いました。私はまだ小学生の頃でしたが、幼心にも今の寒くてたまらないこの家が、床暖房になったらさぞや暖かくなるのだろうと期待が膨らみました。リフォームを終え、さっそく床暖房を運転し、しばらくじっと時が過ぎるのを待ちましたが待てど暮らせど部屋は一向に暖かくならず、たいへんがっかりしました。確かに床の表面だけは暖かいのですが、部屋の空間が暖かくならないため、ファンヒーターも併せて運転しなければならなかったのです。快適とはほど遠いものでした。

その経験から、断熱性が良くなければ、どんな暖房を設置しても、まったく効果がないのだと気づき、そこから高断熱住宅への試行錯誤が始まったのです。

初めの頃は、いくら断熱材を天井や壁にたくさん入れてもほとんど保温の効果が表れませんでした。職人の断熱材に対する意識は低く、言われたとおりに壁や天井にただ入れさえすればよいという感覚でした。何年も前から住宅に断熱材を使用することは普通のことではあったのですが、「どうせ断熱材なんか入れたところでまったく効果なんかないのだ」と、職人自身がその経験上よく分かっていたからです。

高断熱住宅を建てるという目標ができると、おのずと高性能住宅の建築に必要な建築資材や、技術や情報が徐々に集まるようになってきます。高性能断熱材を製造販売するメーカー、海外から高性能サッシや高断熱玄関ドア、換気システムなどを輸入する商社と知り合い、取引をするようになります。また、実際に欧米ではどのように家が建てられているかを見に、アメリカ、スウェーデン、デンマーク、ドイツなどに視察に行くようになりました。

職人をアメリカに連れていったこともありました。アメリカの職人は、日本の大工のように木を丁寧に加工して細かな作業をするような技術はありません。日本の職人からすると、職人としての技術レベルは大したことはなく、俺たちのほうが腕がいいと思っていたはずです。ところが、細やかな技術は低いにもかかわらず、どんな職人でも冬に暖かく夏涼しい家を当たり前のように建てていることに職人は衝撃を受けたのです。「みんなでこれを目指そう」と、そこで宣言したのが40年前のことです。技術は一朝一夕には進歩しません。それ以後われわれ設計者と職人とで地道に工夫や試行錯誤を重ねながら、一歩ずつ性能を向上させ続けてきました。それらの職人も2代目、3代目に技術を継承させながら、職人とともに現在まで日々改良を繰り返しているのです。職人を常に入れ替えるようでは快適な家は建ちません。

職人の技術には、精密に組み立ててきれいに仕上げることと、断熱をきちんとできることとの2種類があります。日本の職人の文化は、一般的に緻密に建材を組み上げて、きれいに仕上げる技術しか重視しない傾向にあり、「匠の技」を尊重してきました。同時に、断熱の技術をないがしろにしてきたのです。その反対に、欧米では断熱の技術を重視してきたということなのだと思います。

アメリカよりもはるかに高い断熱技術をもって建築をしていたのが、ヨーロッパの国々です。今でも私は頻繁に北欧をはじめ海外に視察に行き換気システムや窓の生産工場や住宅展示場を訪れ先進的な住宅を見学して、彼らの技術を学んだりしています。断熱や換気といった概念は、今の日本は欧米に比べて数十年分は進化が遅れていると肌で感じます。欧米では実際に快適で省エネルギーである家が当たり前なのに対し、日本では冷暖房システムに頼るだけの家が多く、省エネに関しては断熱材の厚さを厚くすれば評価され、そのあげくには、たくさんの冷暖房のエネルギーは太陽光発電を載せればエネルギー収支がマイナスだからそれでよい、という状況になっています。日本では各建築会社が「こんなに性能の高い断熱材を、これだけ分厚く入れています」といって、材料と理論上のスペックだけを切り取って宣伝合戦をしているのには、とても疑問を感じます。本当に高断熱の家であれば、冷房も暖房も限りなく少ない負荷で済むのです。「当社は○○時間暖房を切っていても大丈夫です」「8畳用のクーラーで○○畳も冷やせます」といった宣伝合戦になればよいのにと常に感じています。

家づくりは建て主の夢や希望を形にする仕事

新しく家を建てたいと思ったとき、皆さんいろいろなことを考え、一大決心して家づくりをしようとします。その想いをしっかり受け止めてくれる建築会社に出会うことがいちばんの幸せです。そのために私は建て主の家づくりのコンセプトが何なのかを、できるだけはっきりさせるような家づくりをしていきたいと常々思っています。

目的をもって家づくりをするわけですから、家を建てたら終わりではありません。そこから新しい生活がスタートすることになります。今までとはまったく違う、求めていた理想の暮らしがあるはずです。

そのときに「快適さ」というのは、家の中にいる限り、一秒たりとも欠けてはならない大切な要素です。涼しいとか暖かいという感覚は、家にいる時間全てに関わります。また、車の音や歩行者の足音、近隣の生活の気配など外部の音が入ってこなくて静かであることも重要です。逆に、家の中の音が外に漏れていないという安心感も快適さにつながります。家の中での住み方や家族のあり方は、安心できる快適さのなかで初めて考えられるようになります。家の中での生活は、楽しんでわくわくするものであってほしいと思っています。

家づくりに対して強い思いをもつ人のほうが、完成したときにとても喜んでくれる印象があります。建てるときに「こういう家に住みたい」という強い希望や思い入れがあるからこそ、新しい家が完成してそこに住み始めてからの喜びが大きいと私はいつも感じています。

私の会社で住宅を建てる建て主は、快適さだけでなく、家づくりのさまざまなことについてのこだわりをもっています。特に住まいに対する熱い想いをもっている建て主ほど、新しい家での生活が始まった瞬間に、その快適さを実感できます。その喜びは計り知れないものがあります。それは、建て主が家づくりのプロセスを通じて、自分の夢を実現させたからにほかなりません。

そうした建て主の要望を満たし、思いを受け止め、夢を実現するためには、われわれ建築士や建築業者は、建て主側から出される要望だけでは十分でなく、潜在的な要望まで汲み取る必要があります。無意識のうちにもっている今の家についての不満や、新しい家に求める快適さ、外観デザインやインテリア、システムキッチンから衛生設備まで多岐にわたる建て主の理想を引き出す作業が重要になります。

私の会社で家を建てる際には、建て主の要望を聞き出すために１０００項目ものチェックリストを用意しています。スタッフが一つひとつ質問や提案をして、回答してもらい建て主の理想をもれなく実現していくようにしています。

そのチェックリストでは、窓のサイズや玄関のドアの素材に把手のデザインやカラー、外装材、電気配線、インテリアに衛生設備、物入れの棚や板の種類といったことを事細かに説明し、理解してもらうような仕組みになっています。

建て主ごとに価値観や好みが異なりますし、予算の問題もあるため、優先順位を付けながら、採用するのかどうかを、建て主と一緒に検討するようにしています。

事細かにやりとりをするので、打合せは何回も最低でも合計で数十時間行うことになります。一回の打合せが朝から夕方まで長時間にわたることも珍しくありません。逆に、このくらい徹底して話し合わないと建て主の求める理想の家を実現することはできないと考えています。

家づくりは単なる建物を造るだけでなく、建て主の夢や希望を形にする仕事です。

建て主から、「家にいると冬は暖かく、夏は涼しくて快適だ」というような喜びの声を数多く頂きます。デザインや間取りや設備は建物ごとにそれぞれまったく異なりますが、快適さだけは全ての家で共通で、この快適さがとても重要なのだと思います。

建て主と協力して、限られた予算や土地、周囲の環境などの多くの制約と向き合いながら理想の家を考える過程は、とても楽しくやりがいのあるものです。家づくりは建て主にとって一生に一度の大プロジェクトですし、生涯を通じて最も高価な買い物です。その家づくりの成功に貢献できることは本当に嬉しいことです。多くの建て主が「おかげさまで本当に良い家が建ちました」と言ってくださるのを聞くたびに、私はいつも建て主自身のおかげなのだと言います。家を建てるお手伝いはしていますが、最終的には、建て主自身の努力と決断が、その家づくりを成功に導いたのです。

家を建てると決めたら、「自分は客ではなく建て主である」という自覚をもってほしいと思います。こう言ってしまうと、いきなり自覚をと言われても分からない、具体的にどんなことを設計者に伝えたらよいのだろうかと心配するかもしれませんが、必要なことは時間をかけてわれわれ設計者や建築業者のほうから提案したり、いろいろな角度から質問したりするので不安を感じる必要はありません。ただ最終的な決断や決定は、建て主しか下すことはできませんし、その決定に従って全て建築業者も設計者も進んでいくのです。その判断を間違えれば、ほかの誰のせいでもなく、家づくりは失敗します。建築の知識や法律の知識を勉強する必要は一切ありません。工法や建築資材など技術的なことも分からなくてよいのです。それは建築士や建築業者が責任をもって対処するからです。それよりも、建て主自身の考え方や価値観、今まで暮らしてきた生活環境などは、他人であるわれわれにはまったく分からないことだらけなのですから、その範囲のことを詳しく伝えてもらいたいのです。「プロにお任せ」と言われるケースがありますが、われわれ設計者は、建て主の生活習慣や価値観については、プロではなく素人なのです。その素人であるわれわれに、必要な情報を伝えてください。みなさまが「普通」と思っていることが、われわれからすると「特殊ケース」だと感じることは多いです。普通だと思っていることも、あえて伝えるようにすれば、お互いの思い込みや勘違いがなくせると思います。

「具体的に何を伝えたらよいか」「最初から自覚をもたなければならないか」と不安に思う必要はありません。私たちのような建築士や建築業者がそこで役立つのです。時間をかけて提案を行ったり、さまざまな視点で質問を投げかけたりすることで、建て主が自然と結論を出し、自覚できるように導くからです。

私の会社の建て主のなかには、家を建てる20年も前から家づくりを検討していた人もいます。その人は、いつか両親が亡くなられたあとに、実家の土地で家を建てるつもりだったそうです。打合せの早い段階から、必要な設備まできっちりと決めてこられたことに非常に驚いたものです。20年もの間にわたって家づくりの構想を練り続けていたのです。そのケースとは反対に、さまざまな理由で急に家を建てることになった人もいます。それでも一生懸命打合せを重ねて数週間で内容を全て決められた人もいます。時間の多い、少ないではなく、それぞれの人ごと、家族ごとに、検討に必要な時間も、納得するまでの時間も、悩んで揺れ動き、立ち止まったり、後戻りしたりする時間もまったく異なります。自分たちにとっての必要な時間をしっかりとって、家づくりを成功させてほしいと思います。

家族のなかでも意見が割れることも多いです。私の目の前で夫婦げんかが始まることもしょっちゅうあります。それだけご家族が真剣に新しい家を建てることに対し意見をぶつけ合うことで、良いものができるのであればそれでいいのです。

とある年配の女性の建て主は、新しく完成した家に対して子どものように深い愛情をもって接してくれています。打合せ中も私を自分の息子のように腹を割っていろいろな話や悩みも話してくれ、家族のように接してくれました。家族のように思える人が設計し、信頼しあいながら一緒に家づくりをしたから、当たり前に満足のいく家が完成したのです。家づくりの成功というものは、つくづく建て主のおかげなのだと心の底から実感しました。

建て主のなかには、私の会社で建てた家で育ち、やがて大人になったとき、初めて自分の育った家はとても快適で特別な家だったと気づくことがあります。小さい頃からずっとその家で生活していたため、その快適さは「当たり前」なので、快適だと意識したこともなかったそうです。しかし、大人になり自分で家を建てるときになって、さまざまな建築会社を比較していると、実家がいちばん快適だと気づいたのです。「快適が当たり前で意識すらしたことがない」という家が当たり前になってほしいと思います。

家を長持ちさせるたった一つの秘訣

家を長持ちさせる秘訣はたった一つ、「結露しない家をつくる」こと、これだけです。結露はカビを発生させるだけではなく、家を腐らせてしまうので、家の寿命を短くする元凶にほかなりません。

昔は日本の家というのは、農家などで築１００年以上の家は、ざらに存在していました。すかすかで隙間だらけであったため、自然換気がされるので、寒さと引き換えに、結露の発生は一切ありませんでした。結露が発生しなければ、一定のメンテナンスを行いさえすれば、木造の家は１００年でも２００年でも存続します。マンションなど鉄筋コンクリート造の建物の耐用年数は、せいぜい100年と言われていますが、法隆寺は1300年以上、そのほかにも数百年の木造建築物は数えきれないほど存在しています。それらは例外なく、結露が発生していない建物なのです。

しかし、戦後の日本でアルミサッシが普及すると、隙間風は少なくなった代わりに、屋内の空気中の水分で冷えたサッシやガラスが「汗をかく」現象、すなわち「結露」が爆発的に増えることになりました。原因の一つは、冬に屋外の冷たさをダイレクトに伝達してしまうアルミとガラスを使用するようになったことです。

またもう一つの原因は、それまでは銭湯に入浴に行っていたのが、各家庭に浴室が設置されるようになったことです。水蒸気が屋内で発生するのに、それをうまく排出できる換気の仕組みが不完全だったからです。

空気中の絶対的な水分量の多さとそれを排出できない換気の不足、水分が空気中にとどまっていられるだけの室温が維持できないこと、全て結露の発生原因です。

断熱が不十分な家だと結露が発生し、その結果、家の寿命が短くなってしまったのです。これは現在の家には当てはまらない、過去の話ではありません。残念ながら立派な暖房が備わり、法律上換気システムの設置が義務化され、ペアガラスが当たり前となった今現在の家でも、多くの場合で同じ状況が続いています。木造の家は結露で腐るのだから、鉄骨で家を建てればよい、というのも間違いです。鉄骨造の家は、建物の構造体自体が、木造に比べ熱を伝えやすい性質があります。屋外が冷えれば建物の柱や梁といった部材が、内部まで熱を伝えやすいので結露の発生は多くなりがちです。鉄は腐らないからよいのではなく、金物など金属は結露により錆が発生し、劣化していくのですから、やはり大きな問題となるのです。

日本で、屋内にお風呂を作ったことが悪いわけではありません。外国でも屋内にお風呂やシャワー室があるのは当たり前ですが、そこでは結露が起きていないのです。日本に比べはるかに寒い国でも結露の問題はほとんど起きていないのです。

「結露は日本が高温多湿で特殊な気候だからやむを得ない現象なのだ」という人もいますが、明らかな間違いです。結露は、高温の夏ではなく、低温の冬に発生します。また関東地方など太平洋側のカラカラに乾燥している地方でも発生しています。多湿どころではなく、喉が痛いほど乾燥した「低温少湿」のなかで発生しているわけですし、日本が特殊な気候でもなんでもありません。「日本独特の気候」が原因ではなく、日本独特の家づくりが結露を発生させているのだということに気づかなくてはなりません。最大の問題は、現在でも日本の本州以南の家の多くが、断熱性能が進化していないことなのです。政府が求める数値上の断熱性能はあくまでも計算上の数値でしかないので誰でも達成できますが、実際の断熱性、快適性とは無関係なのです。日本の気候に合っていないからいまだに新築住宅の多くで結露が発生しているのです。日本の住宅でも、例えば私の会社の家だけでなく性能が本当に高い家では、結露しないことは当たり前のことなのです。それが日本の気候に合った最適な家なのです。

この状況の改善のためには、もっともっと日本の住宅全体で、換気と断熱、気密性などの性能を高めなければならないのです。北海道では、20年前に建築された家でも結露が発生していません。寒さは本州よりも圧倒的に厳しいわけですから、「寒ければ結露するのが当たり前」という認識は誤っているということです。重要なのは断熱と換気、気密の性能の高い、結露を起こさせない家づくりをすることです。

結露というのはそれだけ起きてはならない現象なのです。結露が発生すると、家は新築5年目程度でも腐り始めています。毎日窓が濡れるということは、毎日その窓の周囲の木が濡れることになり、そして乾く間もなく次の日にまた濡らされるわけです。その繰り返しで徐々に木は腐り、金属の金物は錆びつき劣化していきます。また結露はカビやダニを多く発生させることになり、ぜんそくやアトピーなどの大きな原因ともなるのです。それを避けるには、高断熱・高気密・換気の全てがそろわなければいけないのです。

家づくりでは全体の調和と品質の担保が極めて重要

仮に床暖房は快適だと聞き導入したとしても、断熱性が高くなければ、暖めるよりも早く熱は全て逃げてしまいます。これでは仮に24時間つけ続けていても暖かく快適にはなりません。断熱性がカタログ上は立派な数値でも、実際の断熱性がいまひとつであれば、床暖房を採用するよりは、エアコンなどの強力な冷暖房を採用するほうが間違いありません。

断熱工法も、木造の場合は外張り断熱、充填断熱、付加断熱の3つの方法、どれでもきちんとした施工を行い、保温性・保冷性が高まり冷暖房が減りさえすればどれでも正解です。断熱材も数十種類存在していますが、一定以上の性能をもつ製品でありさえすれば、ダメな断熱材とか正解の断熱材があるということではありません。その断熱材の施工に習熟し、結果的に冷暖房負荷が減りさえすればどれを使っていてもよいと思います。

換気方式も気密性がどの程度確保できるのかによっても、採用すべき方法が変わります。非常に気密性が高い住宅を造ることができる会社であればシンプルに排気のみ機械を利用する第3種のほうがデメリットもなくメリットのみとなるため正解となりますが、ほどほどの気密性の会社では、第3種では換気がうまく機能しないため、排気だけでなく給気も機械で行う第1種とするほうが無難です。

建築資材も同じで、サッシ、玄関ドア、外装材、屋根材、防水シート、通気部材、屋根のルーフィングなど、多くのメーカー、種類が販売されていますが、それぞれ建築会社が採用した経緯や失敗の経験や現場の施工性を考慮したりなど、さまざまな歴史をたどって採用に至っています。

良いと言われる部材と同じものを使っても、それが同じ結果になるとは限りません。料理と一緒で、食材に高級店と同じ野菜や肉をそろえても、作る人によっておいしくもまずくもなるのと同じです。建物は数えきれないほどの建築資材からなり、工法や技術は数えることすらできない、無限の有機的な組み合わせのうえに成り立っています。料理と同じで食材それぞれの味だけでなく、調味料や焼き方、炒め方など、いろいろな調理方法とが組み合わさって一つの味になっています。そのなかのどれか一つが特別優れていればおいしくなるわけではありません。反対に言えば、そのなかの何かが違う材料でも、調味料が違っても、調理法が異なっても、おいしい料理にさえなればよいのです。建物も、総合的に快適でさえあれば大成功と言えるのです。

最近、とても嬉しく、自慢できるできごとがありました。それは、当社がいつも依頼している大工が、私の会社を元請けとして自宅を建ててくれたということです。大工というものは、自分が元請けとなってその他職種の職人を集めて家を完成させることができます。でもそれではいつも関わっている、私の会社が造る快適な家にはならないのだということをきちんと理解していたのです。いつもと同じ建材を使えば同じ快適さになるわけではないと分かっているのです。その家の施工では、大工仕事はもちろん本人が行いますが、その他私の会社で詳細な設計、間取りや仕様決めなどをはじめ、全ての、そしていつもの技術をもってその家を建て、とても快適な家が完成したのです。

このエピソードからも分かるように、家づくりには各部品や部材の質だけでなく、技術の高さと全体の調和とが極めて重要です。高い断熱性能や床暖房などの冷暖房機器、高い気密性など、個々の要素だけでなくそれらがうまく統合されて初めて「快適な家」となるのです。単に一部の要素を高品質にしたところで、それが全体の品質に直結するわけではないのです。

私が採用している建材や工法には全て、それがいちばん良いとの結論に至るまでの試行錯誤と変遷の歴史があります。例えば計画換気の方式に関しては、まだ計画換気などどの家にも使われていなかった時代から採用していましたが、その頃は第1種換気で、かつ熱交換タイプを採用していたわけです。その頃はそれが最善の方法だと考えていたからです。その後ある程度の期間が経過してみるとさまざまなデメリットに気づき、検証してみるとメリットは一つもないとの結論に至り、今からかなりの昔に第1種の採用をやめ、それ以来ずっと第3種を採用するように改めました。

全館空調も30年以上も昔に自社社屋などに採用をしてみて、ダクトの清掃ができない問題や、屋内での騒音や、機器更新の際の大変な困難を目の当たりにし、その結果建て主には勧めないのがいちばんだという結論となりました。

断熱工法も、日本でまだ高断熱住宅がまったく認知もされていなかった40年も前から外張り断熱工法を採用してみて、その当時としては快適な家にはなったのですが、

図表21　第1種換気の配管図

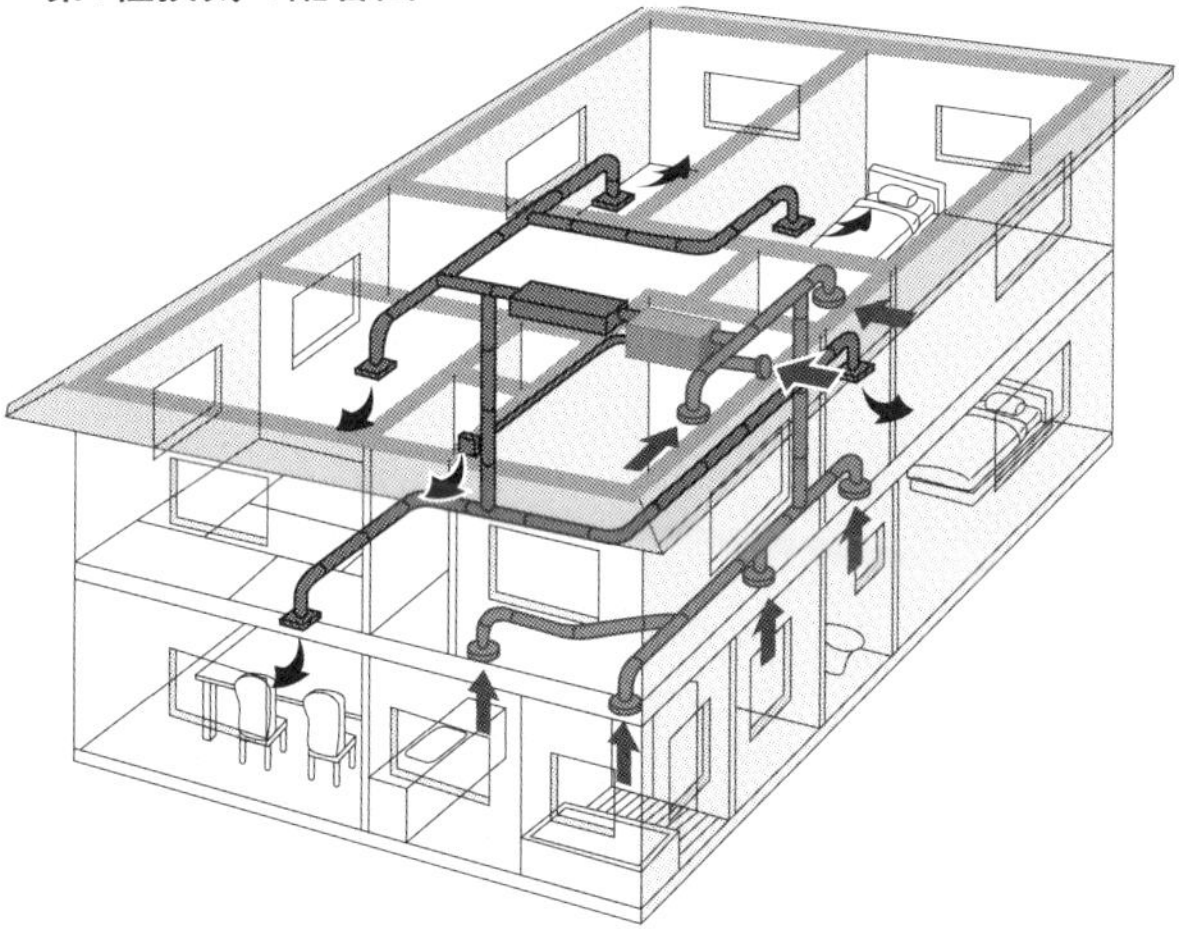

図表22　第3種換気の配管図

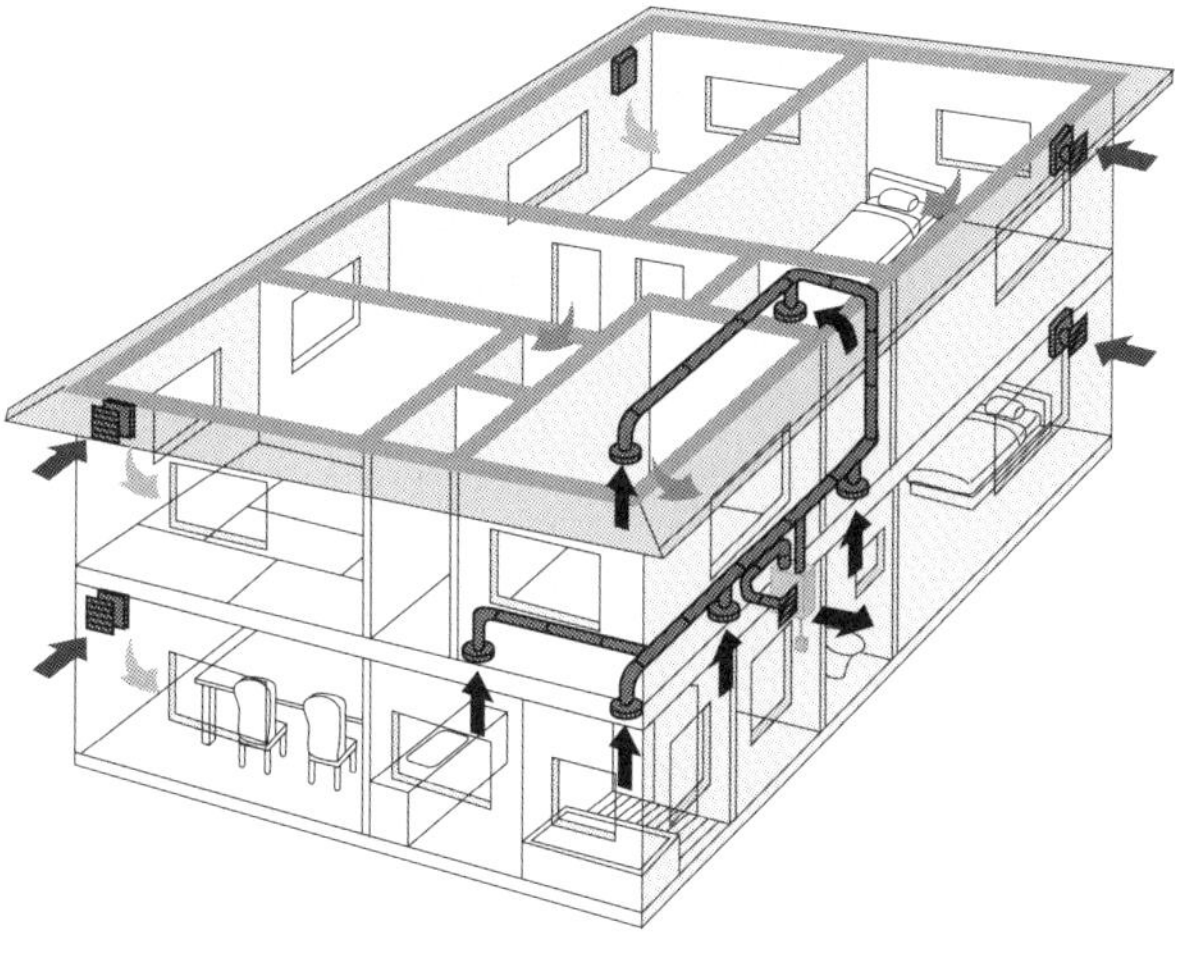

それ以上の快適さを追求するには、構造的にそれ以上断熱性能を上げることはできないという、頭打ちの状態となったので、充填断熱の採用に転換したという歴史もあります。

床暖房の方式も、電気式も温水式もいろいろと実際に使用してみて、その結果省エネである温水式を標準採用することになりました。また温水式でも普通のパネル式では、運転を停止すればわずか数分で床の暖かさがなくなってしまいます。半日以上も暖かさが持続する蓄熱式床暖房は比較にならないほど省エネで快適なのでその方法を採用しています。それに地熱基礎を組み合わせることにより、さらに省エネで蓄熱効果も飛躍的に高まるので、私の会社では40年間1棟の例外もなく全ての建物で採用をしてきました。技術的なものだけでなく、あらゆる建材も、今現在使用しているものになるまでには、さまざまな実体験を経て、よりよくなるために常に改定しています。

サッシについては、40年前には国内にペアガラスのサッシは存在していなかったので、シングルガラスのサッシ自体を2枚使うという2重サッシとしたのが始まりです。その後海外製のペアガラス、トリプルガラスの木製サッシを採用しました。また準防火地域などの対応のため、アルミ樹脂複合サッシも一部採用するなどの歴史を経て、今の国産トリプルガラス樹脂サッシに更新されたのです。

屋根材も瓦、スレートの採用のあと素晴らしい天然石付きガルバリウム製品と出会い、採用し始めてから30年にもなりますが、これを超えるものが見つからなければずっと使い続けるのです。さまざまな方式や建材を採用してみて，今現在私が考えるいちばんのおすすめだけで家を建てています。

私の会社には、営業担当が1人もおらず、建築士が直接初めから打合せを行います。モデルハウスも体感するための最小限とし、仮契約などなく、値引きのキャンペーンのように契約をせかすといった営業手法も一切ありません。気が済むまで納得するまで打合せしきちんと時間をかけて判断してもらうようにしています。

実はこれも、創業者であり先代社長である私の父が、かつて有名な某大手ハウスメーカーにトップセールスマンとして長年在籍し、それらのやり方は全て、ハウスメーカーにとって都合がよいだけで、建て主にとっては無駄で何のメリットもないことだと強く感じていたからなのです。販売成績はトップだったにもかかわらず、どこか後ろめたい気持ちがありましたし、心から喜んでくれた建て主はわずかしかいなかったそうです。だからこそ自分が創業した会社では、全てその反対の方法を採ることにしたのです。全て建て主側にしかメリットがないので、不満もクレームも出ることがなく、喜ばれる家づくりができるからです。この試行錯誤に終わりはありません。これからもずっと何がいちばんなのか考え、必要があれば更新し続けていくつもりです。

おわりに

この本を最後まで読んで、「家」が単なる居住スペースではなく、人生の質を高める大切な「住環境」であるという意識を深めてもらえたなら幸いです。

私たちは人生の大半を家で過ごします。特に人生100年時代に突入した現代では、より賢い家の選び方が求められています。この本で私が解説したように、健康で快適な暮らしは、家から始まるのです。

家はただの箱ではありません。暮らす人にとって人生の拠点であり、快適な生活を実現する唯一無二の存在です。新型コロナウイルスの影響で、多くの人々がテレワークを始め、家で過ごす時間が増えました。同時に家の価値、その品質がより一層重要になっています。

全室寒暖差ゼロの高断熱・高気密の家づくりは、今まで見過ごしてきた健康に暮らすことや快適さについて気づくことができます。特にこれからますます高齢化が進む社会で、健康的に暮らせる家は、必要不可欠になっていくはずです。本書で紹介した健康的かつ快適に生活するための設計の工夫は、そんな願望を現実にする手段になります。
モデルハウスは、理想の家づくりのための「体感型テーマパーク」です。理想と現実のギャップを確認できる場です。想いを実現するところと言い換えてもいいかと思います。本やインターネットを調べてどれだけ理論や知識を積み重ねても、実際にその空間で感じ取る「体感」に勝るものはありません。住宅展示場には各社がしのぎを削って優れたモデルハウスを出展しています。しかし、本質的な部分は隠されています。本書を参考にして、本質を見極めることで最良の設計者や建築会社を見つけてください。

家を建てる過程は、決してゴールではありません。「新たな暮らし」の始まりです。新しい家を建てることで、家族みんなが心地よく暮らせる空間を維持し、末永く快適に暮らせる家づくりが求められています。

理想の家づくりの第一歩として、最初にしてほしいのが、今の生活の「不満」を洗い出すことです。当たり前と思い込んで見過ごしているなかには不満なことが多く潜んでいます。寝室が寒い、お風呂にカビが生える、リビングだけが快適だ、廊下が冷たいなど、当然過ぎて仕方がないと諦めているけれど、実は不満に思っていたことがあるはずです。まずは、現状の不満や課題を明確にしましょう。

そして、モデルハウスにぜひ足を運んでください。もちろん書籍やインターネットで得られる情報には意味があります。しかし、それだけでは家の「感じ」を把握することはできません。食べたことのない料理をインターネットで調べ想像したものと実際に食べてみたのではまったく異なる感想をもつこともあります。旅行のガイドブックで写真は見ていても、実際にその目で見たときには非常に感動する体験と同じです。モデルハウスでは、自分が理想とする暮らしを実際に「見て」「感じて」五感で空間を体感できます。「快適さ」の本質は体全体で感じることで初めて理解できたといえるのです。

この本が、皆さま一人ひとりの理想の家づくり、そして理想の暮らしに少しでも寄与できたのであれば、私としても何よりの喜びです。

最後に、この本を通じて一つでも多くの「気づき」を得られたなら、その「気づき」を実際の行動に移してみてください。私たちは皆、自分自身の力で未来を切り拓くことができます。

皆さまが理想の家を完成させ、より豊かな人生を送れるよう、心より願っています。

株式会社ウェルダン　代表取締役社長
一級建築士
兼坂成一

兼坂成一（かねさか・せいいち）

一級建築士　宅地建物取引士
株式会社ウェルダン代表取締役社長。1970年東京生まれ、中央大学法学部法律学科卒業。大学卒業後は大手生命保険会社に入社したが、管理職登用をきっかけに自分が本気でやりたい仕事について考え直し、父親の創業した設計事務所兼建設会社の株式会社ウェルダンを継ぐことを決意し入社。社長に就任後は、自ら大工をはじめとした各職人との打合せに参加したり、施工物件の基本設計をほぼ全て担当したりするなど、顧客の家づくりにとことん関わるスタイルを貫く。建て主のためならば時には利益にこだわらず急な部材・仕様の改善にも踏み切り、社内・社外から信頼を得ている。

本書についての
ご意見・ご感想はコチラ

全室寒暖差ゼロ、高断熱・高気密
注文住宅で叶える
人生100年時代の理想の住まい

2024年2月26日　第1刷発行

著　者　　兼坂成一
発行人　　久保田貴幸

発行元　　株式会社 幻冬舎メディアコンサルティング
〒151-0051　東京都渋谷区千駄ヶ谷4-9-7
電話　03-5411-6440（編集）

発売元　　株式会社 幻冬舎
〒151-0051　東京都渋谷区千駄ヶ谷4-9-7
電話　03-5411-6222（営業）

印刷・製本　中央精版印刷株式会社
装　丁　　立石 愛
装　画　　ハヤシナオユキ

検印廃止

Printed in Japan
ISBN 978-4-344-94744-3 C0052
幻冬舎メディアコンサルティングＨＰ
https://www.gentosha-mc.com/